MW01278231

Code Nederlands

basisleergang Nederlands voor volwassen anderstaligen

Alice van Kalsbeek
Marijke Huizinga
Folkert Kuiken

Afdeling Nederlands Tweede Taal
Vrije Universiteit Amsterdam

deel II tekstboek

Code Nederlands
basisleergang Nederlands voor volwassen anderstaligen
is als volgt samengesteld:

Code Nederlands, tekstboek 1	90 280 6051 0
Code Nederlands, oefenboek 1	90 280 6101 0
Code Nederlands, set cassettes bij deel 1	90 280 6412 5
Code Nederlands, docentenhandleiding bij deel 1	90 280 6262 9
Code Nederlands, softwarepakket bij deel 1 (3,5")	90 280 1387 3
Code Nederlands, softwarepakket bij deel 1 (5,25")	90 280 1144 7
Code Nederlands, tekstboek 2	90 280 6353 6
Code Nederlands, oefenboek 2	90 280 6423 0
Code Nederlands, cassette bij deel 2	90 280 6147 9
Code Nederlands, docentenhandleiding bij deel 2	90 280 6228 9
Code Nederlands, softwarepakket bij deel 2 (5,25")	90 280 1260 5
Code Nederlands, softwarepakket bij deel 2 (3,5")	90 280 1497 7

Eerste druk
00 99 98 97 96 95
12 11 10 9 8

ISBN 90 280 6353 6

© Meulenhoff Educatief bv, Amsterdam
Alle rechten voorbehouden. Niets uit deze uitgave mag worden verveelvoudigd, opgeslagen in een geautomatiseerd gegevensbestand, of openbaar gemaakt, in enige vorm of op enige wijze, hetzij elektronisch, mechanisch, door fotokopieën, opnamen, of enige andere manier, zonder voorafgaande schriftelijke toestemming van de uitgever. Voor zover het maken van kopieën uit deze uitgave is toegestaan op grond van artikel 16B Auteurswet 1912 j° het Besluit van 20 juni 1974, St.b. 351, zoals gewijzigd bij Besluit van 23 augustus 1985, St.b. 471 en artikel 17 Auteurswet 1912, dient men daarvoor wettelijk verschuldigde vergoedingen te voldoen aan de Stichting Reprorecht (Postbus 882, 1180 AW Amstelveen). Voor het overnemen van gedeelte(n) uit deze uitgave in bloemlezingen, readers en andere compilatiewerken (artikel 16 Auteurswet 1912) dient men zich tot de uitgever te wenden.

Inhoud

17 Dat zeg ik liever niet

A 1 Tien vragen aan Nelli Cooman

Erwin Postma is een grote fan van Nelli Cooman, een atlete. Erwin stelt haar tien vragen.

1 *Nelli, hoe oud ben je?*
Nou zeg, dat is wel een heel directe vraag om mee te beginnen. Maar ik wil het wel zeggen, hoor. Ik ben 29.

2 *En ben je getrouwd?*
Ja, ik ben getrouwd, maar ik heb geen kinderen.

3 *Kom je uit een grote familie?*
Ik heb een broer en een zus.

4 *Wat zijn je hobby's?*
Eh, nou ik luister graag naar muziek en ik houd veel van dansen.

5 *Interesseer je je voor astrologie?*
Nee, absoluut niet. Als ik op reis ben, lees ik natuurlijk wel eens de horoscoop in een of ander blad, maar die is bij mij nog nooit uitgekomen.

6 *Welke politicus vind jij nou sympathiek?*
Hm, moeilijke vraag is dat. Ik interesseer me eerlijk gezegd niet zo voor politiek, dus het is voor mij erg moeilijk om die vraag te beantwoorden.

7 *Waar heb je een hekel aan, Nelli?*
Vroeg opstaan vind ik vervelend, maar een hekel hebben ... nou ja, misschien aan mensen die voordringen; die kan ik niet uitstaan. Ik heb natuurlijk ook wel eens haast als ik in een winkel of op het postkantoor ben, maar ik vind dat iedereen gewoon op zijn beurt moet wachten.

8 *Hé Nelli, wat is nou jouw beste eigenschap?*
Mijn doorzettingsvermogen.

9 *En je slechtste?*
Moet je dat ook weten? Nou eh, ik moet bekennen dat ik nagels bijt!

10 *Hoeveel verdien jij per maand?*
Daar geef ik geen antwoord op als je het goedvindt. Ik vind namelijk dat je dat niks aangaat.

o-o 2 Tien vragen aan Willem Nijholt

Hanneke Wafelbakker heeft de tien vragen aan Willem Nijholt gesteld. Willem Nijholt is acteur. Hanneke vindt hem heel goed. Ze probeert naar alle toneelstukken en films te gaan waarin hij speelt.

1 *Hoe oud bent u?*
56. Je hoeft me trouwens niet met u aan te spreken, hoor. Zeg maar gerust Willem en je.

2 *Wat is je burgerlijke staat?*
O, wat zeg je dat officieel. Nou, dan zal ik je ook een officieel antwoord geven: ik ben ongehuwd, maar ik woon wel samen.

3 *Komt u ... kom je uit een grote familie?*
Ja, we waren vroeger met zijn tienen thuis: vader, moeder, drie broers en vier zussen. Ik ben op één na de jongste.

4 *En welke hobby's heb je?*
Oei, eh, koken vind ik leuk, ik houd van uitgaan en verder werk ik graag in de tuin.

5 *Interesseer je je voor astrologie?*
Het is grappig dat je dat vraagt. De laatste tijd interesseer ik me daar namelijk steeds meer voor. Volgens mij speelt er zich tussen hemel en aarde veel meer af dan wij als mensen kunnen bevatten.

6 *Welke politicus vind je sympathiek?*
Wim Kok, denk ik, ja, ja, ja Wim Kok vind ik wel een aardige vent.

7 *Waar heb je een hekel aan?*
Je hebt van die mensen die altijd te luid praten. Daar kan ik absoluut niet tegen. Ik heb trouwens in het algemeen een hekel aan lawaai.

8 *Wat is je beste eigenschap?*
O, mijn beste eigenschap! Ik weet het eigenlijk niet. Dat ik goed naar anderen kan luisteren, misschien? Ik weet het niet. Waarom wil je dat eigenlijk weten?

9 *En je slechtste?*
Dat weet ik nou toevallig wel, maar dat zeg ik liever niet!

10 *Hoeveel verdien je per maand?*
Genoeg. Genoeg om redelijk van te leven. Maar ik ga je echt niet aan je neus hangen hoeveel dat precies is!

Een antwoord weigeren

Dat zeg ik liever niet.	— Wat is je slechtste eigenschap? — Dat weet ik nou toevallig wel, maar dat zeg ik liever niet!
Daar geef ik geen antwoord op. **Dat gaat je niets aan.**	— Hoeveel verdien je per maand? — Daar geef ik geen antwoord op. Ik vind namelijk dat je dat niks aangaat!
Dat ga ik je niet aan je neus hangen.	— Hoeveel verdien je per maand? — Genoeg. Genoeg om redelijk van te leven. Maar ik ga je echt niet aan je neus hangen hoeveel dat precies is!

Sympathie uitdrukken

Ik vind ... aardig/sympathiek.	— Welke politicus vind je sympathiek? — Wim Kok denk ik, ja, Wim Kok vind ik wel een aardige vent.

Antipathie uitdrukken

Ik heb een hekel aan ... **Ik kan ... niet uitstaan.**	— Waar heb je een hekel aan? — Vroeg opstaan vind ik vervelend, maar een hekel hebben ... nou ja, misschien aan mensen die voordringen; die kan ik niet uitstaan.
Ik kan niet tegen ...	— Waar heb je een hekel aan? — Je hebt van die mensen die altijd te luid praten. Daar kan ik absoluut niet tegen.

B o-o 3 Op zoek naar de voorouders

Bas Dineau Salm bestudeert in zijn vrije tijd de herkomst van zijn voorouders. We praten met hem over zijn hobby.

Interviewer Meneer Dineau Salm, wat interesseert u zo in uw familie?

Bas Dineau Salm Ja, ik wil weten wie mijn voorouders waren. Ik ben gewoon nieuwsgierig.

Interviewer En hoe ver bent u inmiddels met uw onderzoek?

Bas Dineau Salm Nou, ik ben nu in 1736. Ik heb ontdekt dat er toen iemand uit Frankrijk met de naam Jacques Dineau naar Leiden is verhuisd. Dat was een Franse hugenoot die naar Nederland is gevlucht. Hij is twee keer getrouwd. Jacques' eerste vrouw, Hendrikje Wolff, is kort na hun huwelijk overleden. Met zijn tweede vrouw, Klaziena Zeijlemaker, heeft hij zeven kinderen gekregen. Alle kinderen hebben natuurlijk zijn naam gekregen.

Interviewer Ja, maar u heet Dineau Salm.

17

Bas Dineau Salm Ja, mijn opa heeft later de naam Salm toegevoegd. Kijk, hij staat hier op deze foto.

Interviewer Ah, ja. En die vrouw naast hem, is dat uw oma?

Bas Dineau Salm Ja. En vóór hen staan hun kinderen, twee zoons en twee dochters. Links staan mijn vader en moeder. En dan ziet u de broer van mijn vader, oom Joris, en zijn twee zussen, tante Rosa en tante Sofie.

Interviewer En wie is die baby?

Bas Dineau Salm Dat ben ik.

Interviewer En die vrouw rechts?

Bas Dineau Salm Dat is een zuster van mijn oma. Die was getrouwd met de broer van mijn opa.

Interviewer Bent u de enige in uw familie die zo hevig geïnteresseerd is in uw voorouders?

Bas Dineau Salm Ik ben inderdaad de enige in de familie die onderzoek verricht. Maar ik moet toegeven dat al mijn familieleden wel veel waardering hebben voor wat ik doe.

Interviewer Ik wens u veel succes met uw onderzoek.

Bas Dineau Salm Dank u wel.

Al/Alle

al	Maar ik moet toegeven dat *al* mijn familieleden wel veel waardering hebben voor wat ik doe.
	Dit is *al* het geld dat ik nog heb.
alle = al de	*Alle* kinderen hebben natuurlijk zijn naam gekregen.
	Hanneke probeert naar *alle* toneelstukken en films van Willem Nijholt te gaan.
	Hij heeft *alle* bagage meegenomen.

Bezitsrelaties

Er zijn in het Nederlands verschillende manieren om bezitsrelaties uit te drukken.

1 de/het ... van ...	De eerste vrouw van Jacques. Ik was het eerste kleinkind van mijn oma en opa. Dat is een zuster van mijn grootouders.
2 naam + (')s	Jacques' eerste vrouw Piets fiets Rosa's kinderen
3 naam + z'n/d'r + ...	Jacques z'n eerste vrouw Piet z'n fiets Rosa d'r kinderen

C 4 De meest voorkomende namen

Sinds 1991 heeft Nederland 15 miljoen inwoners. Toch hebben 5 miljoen Nederlanders maar 24 verschillende voornamen. Volgens een onderzoek uit 1961 kwam in Nederland niet minder dan 660 000 maal de naam Jan voor.

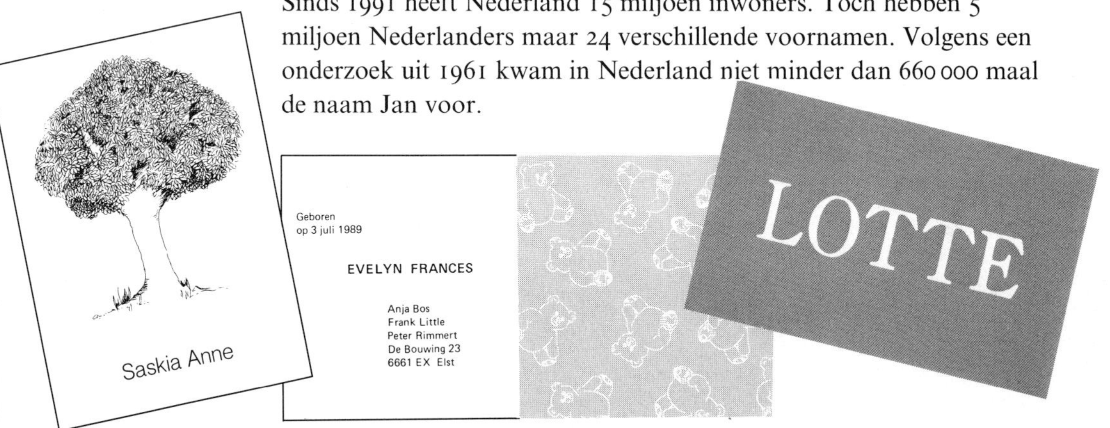

Saskia Anne
Geboren
op 3 juli 1989
EVELYN FRANCES
Anja Bos
Frank Little
Peter Rimmert
De Bouwing 23
6661 EX Elst
LOTTE

17

Met Hans (180 000 maal) en Johan (120 000 keer) komen we maar liefst 960 000 maal een vorm van de naam Johannes tegen. Bij de vrouwen was in 1961 de naam Annie (240 000 maal) in de meerderheid. In 1986 waren heel andere namen favoriet. Het hoogst scoren dan bijvoorbeeld in de stad Utrecht bij de jongens Wesley en Michael en bij de meisjes Kim, Chantal en Priscilla.

Als u uw zoon een bijzondere naam wilt geven, noem hem dan niet: Jeroen, Martijn, Dennis, Peter, Patrick, Jan, Sander of Mark.

De top-tien van meisjesnamen zag er in 1987 als volgt uit:

1	Laura	6	Elisabeth
2	Kim	7	Michelle
3	Linda	8	Stephanie
4	Chantal	9	Priscilla
5	Daniëlle	10	Tamara

Naar: *Tips voor ouders van zuigelingen*, Folder Frisolac.

5 Stamboom

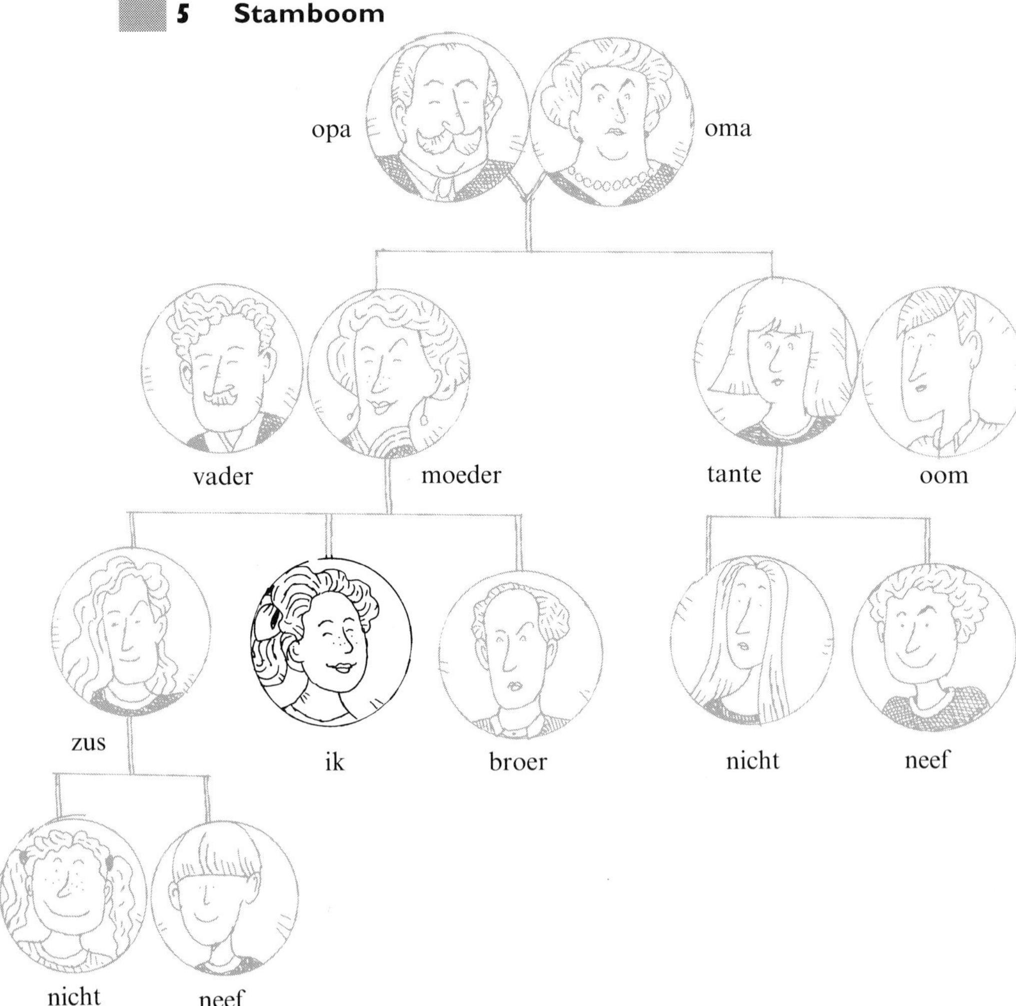

D 6 Signalement: de ideale partner

1 Wat is zijn/haar lengte? Hij/Zij is ...

a kleiner dan 1,60 meter
b tussen 1,60 meter en 1,70 meter
c tussen 1,70 meter en 1,80 meter
d tussen 1,80 meter en 1,90 meter
e langer dan 1,90 meter

2 Wat voor figuur heeft hij/zij? Hij/Zij is ...

a mager
b stevig
c dik

3 Welke kleur hebben zijn/haar ogen? Ze zijn ...

a bruin
b blauw
c grijs
d groen

4 Hoe ziet zijn/haar haar eruit? Het is ...

a kort
b lang
c krullend
d steil
e blond
f donker
g grijs

5 Hoe oud is hij/zij? Hij/Zij is ...

a net zo oud als ik
b maximaal ... jaar jonger dan ik
c maximaal ... jaar ouder dan ik

6 Welk type spreekt jou het meeste aan? Hij/Zij is ...

a klassiek
b artistiek
c sportief
d intellectueel

7 Waar werkt hij/zij? Hij/Zij werkt ...

a niet
b in een winkel
c op kantoor
d in een fabriek
e in de landbouw
f in het onderwijs
g in de kunst
h in het huishouden
i ....

8 Hoe is zijn/haar karakter? Hij/Zij is ...

a eerlijk
b hartelijk
c lief
d trouw
e vrolijk
f fel
g trots

9 Welke hobby's heeft hij/zij? Hij/Zij houdt van ...

a sport
b kunst
c uitgaan
d reizen
e muziek
f koken
g lezen
h tv kijken
i ....

10 Wat doe je op een vrije avond het liefst met hem/haar?

a thuisblijven
b op bezoek gaan bij iemand
c eten in een restaurant
d dansen
e naar een café gaan
f naar een concert gaan
g naar de bioscoop gaan
h ....

Twente. Ik ben 39, vrouw, fin. onafh., zie er goed uit en ben op zoek naar een leuke vriend. Belangrijk vind ik gevoel voor humor, liefde voor dieren, een opgewekt karakter en net als ik niet-roker. Ben je ook nog fin. onafh., leuk om te zien en ongebonden, schrijf dan gauw, dan kunnen we kennismaken. Br. o. nr. 172-37386 bur. v.d. blad.

4 Arme verpleegkundigen zkn. rijke mannen, leeft. 28 t/m 35 jr. Br. met foto alt. antw.o.nr.172-37452 bur.bl.

020. Fijnzinnige levensgenieter kookt graag voor twee in A'dam. Daarvoor zoek ik een lieve en actieve tafeldame. Belangrijk bij diner: goed gezelschap, gevarieerde muziek, levendige en boeiende conversatie. Mijn ingrediënten zijn: 33 jr., humor, bewegend tussen manager en Bourgondiër, energiek en betrouwbaar. Jij bent tussen 25-35 jr., gevoelig, slim, warm en vrolijk. Doel: verder samen koken, met respect voor elkaars recepten en ruimte voor elkanders ingrediënten. Br. o. nr. 172-37477 bur. v.d. blad.

Het persoonlijk voornaamwoord: hij, het en ze (zaken)

Het-woorden: het	— Hoe ziet zijn haar eruit? — *Het* (het haar) is donker.
De-woorden (enkelvoud): hij	— Hoe ver bent u met uw onderzoek naar de stamboom van uw familie? — *Hij* (de stamboom) gaat in ieder geval terug tot 1736.
De-woorden (meervoud): ze	— Welke kleur hebben haar ogen? — *Ze* (de ogen) zijn bruin.

Horoscoop

Ram (20-21 maart tot 19-21 april)
De meeste Rammen nemen een wat afwachtende houding aan, maar wilt u deze week succes hebben, dan zult u flink moeten aanpakken, Ram! U krijgt bezoek van oude bekenden.

Stier (19-21 april tot 20-22 mei)
Vraag advies aan een goede vriend voordat u tot aankoop van iets nieuws overgaat. U bent gelukkig in de liefde. Ga niet te snel op de uitnodiging van die aardige buurvrouw in!

Tweelingen (20-22 mei tot 21-22 juni)
De resultaten zullen voor de Tweelingen deze week wat minder zijn dan verwacht, maar over het algemeen is er geen reden tot ontevredenheid. Help een goede vriend.

Kreeft (21-22 juni tot 22-23 juli)
U slaagt er deze week in om een meningsverschil met een goede bekende op te lossen. U kunt binnenkort een financieel voordeel verwachten. Uw beste dag is woensdag.

Leeuw (22-23 juli tot 22-24 augustus)
Vooral aan het begin van de week krijgen de Leeuwen gelegenheid om nieuwe kennissen op te doen. Op het financiële vlak moet u rekening houden met een tegenvaller.

Maagd (22-24 augustus tot 22-24 september)
Zorg ervoor dat u geconcentreerd blijft werken. Aan het eind van de week kunt u de basis leggen voor een goed resultaat. Uw geluksgetal is 17.

Weegschaal (22-24 september tot 23-24 oktober)
Wees tevreden met wat u hebt. U kunt jonge mensen in uw omgeving een goede dienst bewijzen. Laat zien wat u waard bent.

Schorpioen (23-24 oktober tot 22-23 november)
Op maatschappelijk gebied zult u zich waar kunnen maken. Als u bereid bent om de handen uit de mouwen te steken, zult u er een goede week van kunnen maken.

Boogschutter (22-23 november tot 21-22 december)
Denk om uw gezondheid, Boogschutter. Zorg voor voldoende afwisseling en ga op tijd naar bed. U bent de komende dagen gelukkig in het spel.

Steenbok (21-22 december tot 20-21 januari)
De meeste Steenbokken zullen in deze week veel geld moeten uitgeven. In het algemeen gaat het niet helemaal zoals u graag zou willen.

Waterman (20-21 januari tot 18-19 februari)
In de liefde staan de kansen redelijk goed. Op sportief gebied gaat de Waterman een leuke periode tegemoet. Eet wel gezond.

Vissen (18-19 februari tot 20-21 maart)
Het tweede deel van de week zal voor de Vissen vrij rommelig verlopen. Toch zult u tevreden kunnen zijn over de resultaten die u boekt.

F

aangaan
aanspreken
de aarde
de acteur
het antwoord
artistiek
de astrologie
de atlete
de baby
beantwoorden
bekennen
bestuderen
bevatten
het bezoek
— op bezoek gaan
bijten
bijzonder
blond
de broer
burgerlijk
— de burgerlijke staat
dansen
dik
de dochter
donker
het doorzettings-vermogen
eerlijk
de eigenschap
de fabriek
het familielid
de fan
fel
het figuur
gerust
de haast
hartelijk
de hekel
— een hekel hebben aan
de hemel
de herkomst
hevig
de horoscoop
de hugenoot
het huishouden
het huwelijk
ideaal
inmiddels
intellectueel
de inwoner
het karakter
krullen
de landbouw
het lawaai
lief
luid
de maal
mager
maximaal
mee
het meisje
de meisjesnaam
de nagel
de neef
de nicht
nieuwsgierig
officieel
de oma
ongehuwd
de oom
de opa
opstaan
overlijden
de partner
samenwonen
scoren
het signalement
sinds
de sport
sportief
de staat
— de burgerlijke staat
de stamboom
steil
het succes
sympathiek
toegeven
toevoegen
het toneelstuk
de top-tien
trots
trouw
trouwen
het type
uitkomen
uitstaan
de vent
verdienen
verrichten
vluchten
voordringen
de voorouder
vrolijk
de vrouw
de waardering
de winkel
de zoon
de zus
de zuster

18 Hoe oud bent u?

101 7 43

65+ 1955

51 36 1947

1919 40+

A I Gesprek met een bejaarde

Mevrouw Bonnema woont in een dorp in Nederland, in een straat waarin allemaal mooie, oude huisjes staan. We hebben een gesprek met haar.

Interviewer Goedendag, mevrouw Bonnema. Ik zou u graag eens eventjes een paar vragen over dit huisje willen stellen en over uzelf.

Mevrouw Bonnema O, dat kan. Komt u maar binnen. Gaat u maar vast zitten, ik kom er zo aan.

Interviewer Ik heb gehoord dat u hier al heel lang woont, klopt dat?

Mevrouw Bonnema Ja, dat klopt. Ik woon hier al 78 jaar.

Interviewer Zo, zo en, en hoe oud bent u, als ik vragen mag?

Mevrouw Bonnema Ik ben 78.

Interviewer O, dus u hebt uw hele leven in hetzelfde huis gewoond?

Mevrouw Bonnema Ja, ik ben hier geboren en getogen. Vroeger woonden we hier met de hele familie: vader, moeder, oma en acht kinderen.

Interviewer Allemaal in dit huis? Was dat niet klein?

Mevrouw Bonnema Ja natuurlijk, maar je had toch geen andere keus. Tegenwoordig hebben de mensen in Nederland veel grotere huizen en veel minder kinderen, maar toen ik klein was, wist je niet beter. Iedere twee jaar kwam er weer een baby. Je zat natuurlijk wel op elkaars lip. We sliepen met zijn allen op zolder, we lagen allemaal naast elkaar.

Interviewer Zo! Dit huis is al erg oud hè? Van wanneer is het eigenlijk?

Mevrouw Bonnema Van 1826.

Interviewer Zo, zo! En is het het oudste huis van het dorp?

Mevrouw Bonnema Nee hoor, er zijn er die nog veel ouder zijn. En wij hebben een kerk met een toren uit de tiende eeuw. Ja, in de loop der tijd is er natuurlijk veel gesloopt, maar er zijn toch nog heel wat historische plaatsen in dit dorp.

Interviewer Mag ik even rondkijken in uw huis?

Mevrouw Bonnema O jazeker, kijkt u maar.

Interviewer U hebt zelf een oud huis; wat vindt u nou van moderne gebouwen?

Mevrouw Bonnema Nou, sommige moderne gebouwen vind ik lelijk en andere vind ik heel erg mooi. Het World Trade Center in Amsterdam bijvoorbeeld, dat vind ik schitterend. Al dat glas, prachtig is dat.

Interviewer Goed, ik kijk nog even verder rond in het dorp. Dank u wel voor dit gesprek.

Mevrouw Bonnema Graag gedaan hoor!

18 *Vragen naar leeftijd en reactie*

personen/zaken	
Hoe oud bent u/ben je?	— Hoe oud bent u, als ik vragen mag?
(Ik ben) ... (jaar)	— Ik ben 78.
	— Hoe oud is die kerk?
	— Die is 700 jaar.
zaken	
Van wanneer is ...?	— Dit huis is al heel erg oud; van wanneer is het eigenlijk?
(... is) van ...	— Van 1826.

Iemand aanmoedigen

maar	— Mag ik even rondkijken?
	— Jazeker, kijkt u maar.
(maar) vast	Gaat u maar vast zitten, ik kom er zo aan.

B 2 Aantal 80-plussers blijft toenemen

Amsterdam — De 'zeer sterken' in Nederland blijven in aantal toenemen. Als we de gemiddelde leeftijd van mannen en vrouwen vergelijken, zien we dat die is gestegen. Mannen worden gemiddeld 73,6 jaar oud, vrouwen 80,2 jaar. Van de mensen van 65 jaar en ouder is nu ruim 22 procent '80-plusser'. In 1950 was dit percentage nog minder dan 13 procent. Dit komt vooral doordat de mensen langer leven, aldus het Centraal Bureau voor de Statistiek (CBS).

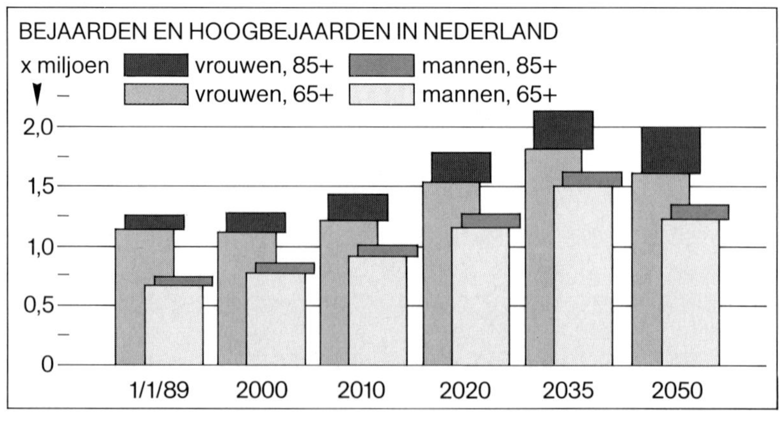

Voor de mensen die nu 50 jaar zijn geldt dat gehuwden langer zullen leven dan gescheiden mensen. De oorzaak hiervan is niet duidelijk. Wel is bekend dat onder gescheiden mensen vijf keer zoveel gevallen van zelfdoding voorkomen als onder gehuwden.
Het aantal geboorten is gelijk gebleven. Vorig jaar werden er evenveel baby's geboren als het jaar ervoor. Het aantal buitenechtelijke kinderen gaat echter omhoog. Tot het midden van de jaren zeventig werd één op de vijftig kinderen buiten het huwelijk geboren. Nu geldt dit voor één op de tien kinderen.
De meeste mensen beginnen direct na hun huwelijk met het vormen van een gezin. Veel jongeren wonen ongehuwd samen. In totaal is nog maar 60 procent van de volwassenen gehuwd.

Naar: *de Volkskrant*, 8 juli 1989.

Naar een oorzaak vragen en reactie

Hoe komt het/dat?	— Hoe komt het dat Nederland zo vergrijst?
(Dat komt) doordat	— Dat komt vooral doordat de mensen langer leven.
Wat is hiervan/ daarvan de oorzaak?	— Gehuwden zullen langer leven dan gescheiden mensen. Wat is daarvan de oorzaak?
De oorzaak hiervan/ daarvan is ...	— De oorzaak hiervan is niet duidelijk.
Waarom?	— Waarom bent u eigenlijk altijd in dit dorp blijven wonen?
Omdat	— Omdat ik het hier heerlijk vind.

18 *Vergelijking*

1 Overeenkomst	
hetzelfde	— Dus u hebt uw hele leven in hetzelfde huis gewoond? — Ja, ik ben hier geboren en getogen.
	Het aantal inwoners van dat dorp is nog hetzelfde als vijf jaar geleden.
gelijk (aan)	Het aantal geboorten is gelijk gebleven.
even ... als	Vorig jaar werden er evenveel baby's geboren als nu.
net zo ... als	Dat huis is net zo oud als de kerk.
2 Verschil	
niet gelijk (aan)	De gemiddelde leeftijd van de man is niet gelijk aan die van de vrouw.
niet zo ... als	Er zijn niet zo veel ouderen die samenwonen als jongeren.
minder/langer dan, enzovoort	In 1950 was dit percentage minder dan 13 procent.
	Voor de mensen die nu 50 jaar zijn, geldt dat gehuwden langer zullen leven dan gescheiden mensen.
... maal/keer zo ... als	Onder gescheiden mensen komen vijf keer zoveel gevallen van zelfdoding voor als onder gehuwden.

C o-o 3 De jongste Greenpeace-activist

Evert Rutgers (16 jaar oud) is actief binnen Greenpeace, een organisatie die zich inzet voor het milieu. Hij zit op het gymnasium in Bergen op Zoom en in zijn vrije tijd verkoopt hij buttons en stickers van Greenpeace en dergelijke. En een heel enkele keer mag hij mee op een Greenpeace-schip. Hij vertelt ons iets over zijn activiteiten bij Greenpeace.

Interviewer Evert, hoe ben je bij Greenpeace gekomen?

Evert Rutgers Nou, het milieu, de natuur en vooral dieren hebben mij altijd geïnteresseerd. Drie jaar geleden, toen ik dertien was, zag ik een advertentie staan waarin nieuwe mensen werden gevraagd voor de kerngroep van Greenpeace in Bergen op Zoom. Een kerngroep bestaat uit enkele actieve mensen die vooral op markten staan en Greenpeace-spullen verkopen. Omdat ik geïnteresseerd ben in het milieu heb ik gereageerd op die advertentie. Greenpeace had er helemaal geen rekening mee gehouden dat er ook jongeren zouden reageren. Hoewel ik te jong was, heb ik toch een kans gekregen en zodoende zit ik nu met vier andere mensen in de kerngroep, waarvan de meesten een stuk ouder zijn dan ik: eind twintig of in de dertig zelfs.

Interviewer Vind je dat niet vervelend?

Evert Rutgers Nee, ik vind het interessant om met mensen om te gaan die wat ouder zijn. Met hen heb ik gesprekken die ik met vrienden van mijn leeftijd niet heb.

Interviewer Wat doet nou zo'n kerngroep?

Evert Rutgers O, een heleboel. We gaan overal naartoe om spullen te verkopen: sjaals, buttons, stickers en boekjes. En als we dan met onze stand op de markt staan, proberen we de mensen te interesseren voor Greenpeace. We vragen ook of ze lid willen worden. En mensen die geïnteresseerd zijn, die komen bij onze stand kijken. Maar als niemand uit zichzelf naar ons toekomt, gaan we voor de stand staan en delen krantjes uit of spreken iemand aan. Dat werk doe ik zelf ook. En je krijgt leuke reacties, maar ook flauwe smoesjes als 'Nee, ik heb al geld gegeven, ik ben al lid' of: 'Ik moet doorlopen, want ik moet de bus nog halen.' Ja, ik weet dat dat smoesjes zijn, want mensen die echt al lid zijn, reageren niet zo. Die tonen toch belangstelling. Je merkt meteen of iemand geïnteresseerd is. Er worden dan vragen gesteld, of mensen vertellen wat ze zelf van het onderwerp vinden. Dat is ook hartstikke leuk. Maar soms koopt niemand iets, wat je ook probeert. Ja en dat is dan minder leuk. Dan sta je de hele middag voor niks.

Naar: *Keesings Onderwijsbladen*, december 1988.

18

Het betrekkelijke voornaamwoord: die en dat

1 Het-woorden: dat
Het schip *dat* daar ligt is van Greenpeace.
Stickers verkopen is het werk *dat* ik meestal doe.

2 De-woorden: die
enkelvoud
Greenpeace, een organisatie *die* zich inzet voor het milieu.
Greenpeace is een organisatie *die* ik erg leuk vind.

meervoud
Mensen *die* geïnteresseerd zijn, komen bij onze stand kijken.
Met hen heb ik gesprekken *die* ik met vrienden van mijn leeftijd niet heb.

Waar + voorzetsel; voorzetsel + wie

Bij dingen: waar + voorzetsel
Drie jaar geleden zag ik een advertentie *waarin* mensen werden gevraagd voor de kerngroep in Bergen op Zoom.
Een van de leden van de kerngroep deelt krantjes uit *waar* je *in* kunt lezen wat Greenpeace doet.

Bij personen: waar + voorzetsel/voorzetsel + wie
Nu zit ik met vier andere mensen in de kerngroep, *waarvan* de meesten ouder zijn dan ik.
Gerard, Els, Daan en Ditta, *met wie* ik in de kerngroep zit, zijn al jaren actief binnen Greenpeace.

BEN JE 18 EN WIL JE OP JEZELF GAAN WONEN? DIE MOGELIJKHEID IS ER NU VOOR JONGEREN IN EN ROND AMSTERDAM

Vroeger of later komt het moment dat je op jezelf wilt gaan wonen. Het ouderlijk huis uit. Dat gebeurt tegenwoordig steeds vroeger. Het kan overigens thuis best gezellig zijn, dus laat je vooral niet opjutten. Maar als je dan ook zelfstandig wilt wonen, dan moet daarvoor de mogelijkheid zijn.

Tussen Amsterdam en Amstelveen ligt Uilenstede. Dat is een wijk waar Intermezzo, Stichting voor Jongeren Huisvesting uitsluitend woningen voor jongeren heeft gebouwd. Je ziet het goed: woningen voor *jongeren* en niet alleen voor studenten. Dat is wel zo eerlijk, want niet alleen studerende jongeren hebben woonruimte nodig. Er is plaats voor wel 2900 jongeren.

Niet helemáál alleen

Misschien wil je niet direct helemaal in je eentje wonen. Als je jong bent, wil je graag contact met andere jongeren.

Dat kan op Uilenstede. Er wonen immers uitsluitend jongeren. En je hebt sommige zaken gemeenschappelijk met een groepje andere jongeren, zoals de keuken en soms de douches/toiletten. Je hebt echter altijd een eigen kamer, want... die deel je slechts met een ander als je daar zin in hebt.

Op het terrein van Uilenstede zijn verder nog een sporthal, een supermarkt, een café, een bioscoop en nog veel meer.

Meer informatie?

Als je nog meer wilt weten, vraag dan informatie aan bij:
Intermezzo
Uilenstede 108
1183 AM Amstelveen
Telefoon: 020-5470123

Intermezzo heeft geen woonruimte in Amsterdam meer.

maar	Je krijgt leuke reacties, maar ook flauwe smoesjes als 'Nee, ik heb al geld gegeven, ik ben al lid'.
echter	Je hebt sommige zaken gemeenschappelijk met een groepje andere jongeren. Je hebt echter altijd een eigen kamer, want ... die deel je slechts met een ander als je daar zin in hebt.
wel	Gehuwden zullen langer leven dan gescheiden mensen. De oorzaak hiervan is niet duidelijk. Wel is bekend dat onder gescheiden mensen vijf keer zoveel gevallen van zelfdoding voorkomen als onder gehuwden.
(maar) toch	Ik weet dat het smoesjes zijn, want mensen die echt al lid zijn reageren niet zo. Die tonen toch belangstelling.

E 5 De Kruisvereniging

De volgende tekst is een gedeelte van een folder van de Kruisvereniging. Dat is een organisatie die allerlei diensten verleent op het gebied van de gezondheid. Van de kruisvereniging kun je lid worden.

Voor aanstaande ouders

Tijdens de zwangerschap wil je je zo goed mogelijk voorbereiden op de komst van de baby. Of dit nu het eerste, tweede of volgende kind is, het blijft immers een unieke gebeurtenis.
Behalve de huisarts en de verloskundige kan ook de Kruisvereniging goede diensten verlenen. U kunt daar allerlei spullen lenen die u nodig hebt om thuis te bevallen. En het is toch heerlijk om thuis te bevallen!

Activiteiten van de Kruisvereniging

- zwangerschapsgymnastiek
- gespreksgroepen voor aanstaande ouders
- persoonlijke adviezen

Voor ouders met jonge kinderen

Ook u wilt toch dat uw kind zich lichamelijk en sociaal goed ontwikkelt en gezond opgroeit? Het consultatiebureau van de Kruisvereniging helpt hierbij. Daar controleren de consultatiebureau-arts en de wijkverpleegkundige de groei en ontwikkeling van uw kind. Ze geven ook adviezen over voeding, opvoeding, enzovoort.

Activiteiten van de Kruisvereniging

- consultatiebureau voor kinderen van 0-4 jaar
- gespreksgroepen voor ouders van jonge kinderen
- hulp en advies aan ouders met een ziek of gehandicapt kind

Voor ouderen

Gezond ouder worden willen we allemaal. Maar niet iedereen wordt gezond oud. De Kruisvereniging kan u adviezen geven om zo gezond mogelijk te leven. Maar de Kruisvereniging komt ook (juist!) als u zich wat minder goed kunt redden.

Activiteiten van de Kruisvereniging

- bezoek van de wijkverpleegkundige
- bijeenkomsten 'gezond ouder worden'
- activiteiten 'meer bewegen voor ouderen'

F

aanvragen
actief
de activist
de activiteit
aldus
de bejaarde
beperkt
best (bw)
— best gezellig
bouwen
buitenechtelijk
de button
dergelijk
— en dergelijke
het dier
doordat
doorlopen
het dorp
echter
het eentje
— in je eentje
eventjes
evenveel
flauw
de geboorte
geboren
— geboren en getogen
gehuwd
gemeenschappelijk
gemiddeld
gescheiden
getogen
— geboren en getogen
gezellig
het gezin
het gymnasium
hartstikke
hiervan
historisch
hoewel
de huisvesting
huren
inzetten
de kerk
de kerngroep
de keus
lelijk
de lip
de loop
merken
de natuur
niks
omhoog
onderwerp
opjutten
ouderlijk
overigens
-plusser
— de 80-plusser
het procent
reageren
de rekening
— rekening houden met
rondkijken
ruim
de schaal
het schip
slechts
slopen
de smoes
de sporthal
de stand
de statistiek
sterk
de stichting
de sticker
stijgen
de supermarkt
het terrein
toekomen
toenemen
het toilet
tonen
de toren
het totaal
— in totaal
uitdelen
uitsluitend
vergelijken
de volwassene
waarvan
de woning
de woonruimte
zeer (bw)
de zelfdoding
zelfs
zelfstandig
de zin
— zin hebben in
zodoende
de zolder

19 Blijf fit

A 1 Sport: Wat? Hoe? Waar? En wanneer?

Wie gezond van lijf en leden wil zijn, moet aan sport doen. Sport is belangrijk voor een goede houding en een perfecte conditie. Vroeger werd veel meer lichamelijk werk verricht. Tegenwoordig moet er gewerkt worden aan een goede conditie. We hebben een gesprek met Eco de Geus. De heer De Geus is sportleraar.

Interviewer Meneer de Geus, welke sport raadt u mensen aan die hun conditie willen verbeteren?

Eco de Geus Ja, dat is moeilijk om daar zo in het algemeen een antwoord op te geven, want er is natuurlijk enorm veel keus. Maar ik kan wel een paar dingen noemen voor iemand die echt niet weet wat hij moet gaan doen. Ik denk dat het in de eerste plaats belangrijk is om een sport te kiezen die je dicht bij huis kunt doen.
In de tweede plaats: kijk naar je lichaam. Ben je bijvoorbeeld stevig gebouwd, kies dan geen sport waarbij je veel en hard moet lopen.
Ten derde: bepaal of je een individualist bent of niet. Voor een individualist is een teamsport minder geschikt. En als je liever met meer mensen in een groep speelt, zal je er snel genoeg van hebben om tegen jezelf te vechten.
Ten vierde: bedenk wat sporten voor jou leuk maakt. Ben je graag buiten? Houd je van water? Kun je tegen je verlies hè? Vind je het leuk om aan wedstrijden deel te nemen? Kun je snel reageren? Door het antwoord op die vragen is het

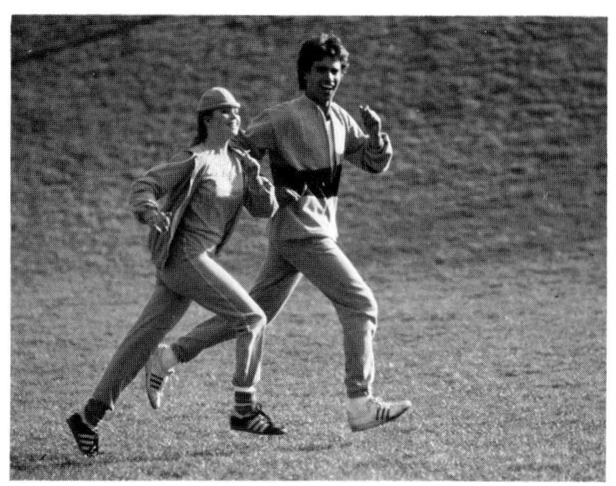

gemakkelijker om een sport te kiezen. En ten slotte: aha, kijk naar de tijd. Sport je graag in het weekend of liever door de week? Hoeveel tijd heb je en hoeveel tijd wil je aan je sport besteden. Dat zijn punten waar je bij het kiezen van een sport rekening mee moet houden.

Interviewer Goed. Laten we aannemen dat iemand zijn keus heeft gemaakt. Zijn er dan dingen waar je in het begin op moet letten?

Eco de Geus Jazeker, er is één gouden regel: begin rustig. Als je gaat joggen, begin dan met drie keer in de week tien minuten. Bouw je programma zo geleidelijk mogelijk op. En pas in het begin op voor spierpijn. Forceer niks. Doe je dat wel, dan is het enige wat je bereikt: blessures.

Interviewer Wat is volgens u de beste plaats om iets aan sport te doen?

Eco de Geus Zoals ik al zei, in principe zo dicht mogelijk bij huis. Vraag jezelf af of je liever binnen of buiten traint en kies een sport die je bij jou in de buurt kunt doen.

Interviewer Hoe vaak moet je nou aan sport doen om een beetje in conditie te blijven?

Eco de Geus Minstens twee keer per week een uur en dan het hele jaar door. De vakanties kun je overslaan, maar doe dan iets anders. Die twee keer per week is net genoeg om op een gegeven moment met een beetje gemak te kunnen sporten. Het gaat langzaam, maar het kan. Bovendien is twee keer per week het minimum om niet elke keer weer spierpijn te krijgen.

Naar: *MAN*, 15 januari 1988.

19 *Naar belangstelling vragen*

... u/je graag ...?	Sport je graag in het weekend of liever door de week?
Houdt u/Houd je van ...?	Houd je van de gezelligheid van wedstrijden?
	Houd je van water?
... u/je liever ...?	Train je liever binnen of buiten?

Zo ... mogelijk

Bouw je programma	**zo**	geleidelijk	**mogelijk**	op.
Train in principe	**zo**	dicht	**mogelijk**	bij huis.

B 2 Eindelijk weer horen

Ruim vijf jaar geleden werd de 37-jarige Gé Steffens uit Nijmegen na een korte ziekte volkomen doof: ‘Vijf jaar lang was het volledig stil om mij heen. Het is moeilijk te aanvaarden om zonder geluiden te leven. Je raakt in een isolement. Er ontstaan communicatieproblemen en je wordt erg afhankelijk van anderen.’ Vorig jaar kreeg Steffens een apparaat dat sommige doven kan helpen weer geluiden waar te nemen.

'Dat was geweldig. Ik herinner me nog goed dat mijn vrouw me kwam halen en schoenen met hoge hakken droeg. Die hakken hoorde ik tikken. Overal hoorde ik geluiden. Een glas dat je op tafel zet, de wc, geld dat je in je portemonnee stopt of een lepeltje dat je op een schoteltje legt.' Toch heeft Gé Steffens wel bijna een jaar nodig gehad om met het apparaat te leren omgaan. Want zonder training hoort de patiënt wel, maar hij verstaat niets. En volledig normaal horen is uitgesloten. 'De meeste geluiden zijn anders dan vroeger. Ik hoorde in het begin mensen praten, maar wist niet precies wat ze zeiden. Ik moest alles weer van voren af aan leren verstaan, alsof ik een kind was. Dat was moeilijk. Nu, na bijna een jaar, begin ik de geluiden veel beter te herkennen en kan ik me in combinatie met liplezen redelijk redden. Ook kan ik mijn stem beter gebruiken. Voorheen praatte ik vaak te hard.'

Naar: *de Volkskrant*, 17 oktober 1987.

Zetten, leggen, stoppen

Actie	***Resultaat***
Object in verticale positie	
Zetten Ik zet het glas op tafel.	**Staan** Het glas staat op tafel.
Object in horizontale positie	
Leggen Ik leg het lepeltje op het schoteltje.	**Liggen** Het lepeltje ligt op het schoteltje.
Object in afgesloten ruimte	
Stoppen Ik stop geld in mijn portemonnee.	**Zitten** Het geld zit in mijn portemonnee.

C o-o 3 Geluidsoverlast

Maaike Kuipers	... Stil eens, hoor ik een piano?
Ellie Roelofs	Ja, dat is de buurman, die is pianist.
Maaike Kuipers	O, ik wist niet dat het hier zo gehorig was.
Ellie Roelofs	Meestal valt dat ook wel mee, maar zo'n piano gaat door alle wanden heen hè.
Maaike Kuipers	Hij speelt wel goed, is het Mozart?
Ellie Roelofs	Ja, voor even is het leuk, maar op den duur word je er gek van.

Maaike Kuipers Hoezo? Heb je er veel last van?

Ellie Roelofs Nou, de laatste tijd gaat het wel weer, maar er zijn periodes geweest dat hij van 's morgens vroeg tot 's avonds laat aan het spelen was.

Maaike Kuipers O leuk! En heb je er niks van gezegd?

Ellie Roelofs Nee, wat wil je. Het is zijn beroep natuurlijk. En in het begin …

Maaike Kuipers Nee, Chopin.

Ellie Roelofs Hè?

Maaike Kuipers Nee, ik dacht dat hij Mozart speelde, maar het is Chopin. O, sorry dat ik je onderbrak. Ga rustig door.

Ellie Roelofs Nee, ik wilde zeggen, in het begin wist ik niet precies wat ik moest doen: meteen ernaartoe gaan of afwachten.

Maaike Kuipers Nou, ik zou er meteen naartoe gaan.

Ellie Roelofs Ja, eigenlijk had ik dat ook beter kunnen doen. Jos zei ook wel eens: 'Ga toch naar boven als het je stoort. Hij begrijpt best dat het voor jou niet leuk is als hij de hele avond aan het spelen is.' Maar ik durfde niet zo goed, want het is verder wel een heel aardige kerel.

Maaike Kuipers En uiteindelijk ben je toch gegaan?

Ellie Roelofs Ja, op een gegeven moment was hij om twaalf uur 's nachts nog aan het spelen. Toen werd het me echt te gek.

Maaike Kuipers En hoe reageerde hij?

Ellie Roelofs O, eerst schrok hij. Hij had niet door dat ik hem hoor als hij aan het oefenen is, dus hij schaamde zich natuurlijk dood. Maar hij heeft toen beloofd dat hij voor negen uur 's morgens en na tienen 's avonds niet zal spelen. En verder zei hij: 'Kom gerust langs als je nog eens last van me hebt.'

HIGH FIDELITY

© Big Balloon 1987/uit 'Sjef van Oekel bijt van zich af'/Tekst Wim T. Schippers, Tekeningen Theo van den Boogaard.

Maaike Kuipers O, dat is aardig.

Ellie Roelofs Ja, en liever een pianist boven je hoofd dan een drummer, natuurlijk.

Maaike Kuipers Ja, of een zangeres. Je kent toch dat verhaal van Bas die een zangeres boven zich heeft? Nee? Nou, moet je horen …

Iemand aanmoedigen

toch Jos zei ook wel eens: 'Ga toch naar boven als het je stoort.'

rustig Sorry dat ik je onderbrak. Ga rustig door.

gerust En verder zei hij: 'Kom gerust langs als je ooit nog eens last van me hebt.'

Verlegenheid uitdrukken

Ik weet niet wat ik moet … In het begin wist ik niet precies wat ik moest doen: meteen ernaartoe gaan of afwachten.

Ik durf niet goed … Ik durfde niet zo goed, want verder is het wel een heel aardige kerel.

Ik schaam me (dood) Hij had niet door dat ik hem hoor als hij aan het oefenen is, dus hij schaamde zich natuurlijk dood.

Zijn + aan het + infinitief

De constructie *zijn + aan het + infinitief* drukt ongeveer hetzelfde uit als *bezig zijn te …*

Er zijn periodes geweest dat hij van 's morgens vroeg tot 's avonds laat *aan het spelen was*.

Hij begrijpt best dat het voor jou niet leuk is als hij de hele avond *aan het spelen is*.

Op een gegeven moment *was* hij om twaalf uur nog *aan het spelen*. Hij had niet door dat ik hem hoor als hij *aan het oefenen is*.

4 Blindenmuseum

Van onze verslaggever — Jan van der Putten

ROME — In het museum van de Italiaanse stad Modena zult u nergens bordjes vinden dat het verboden is kunst aan te raken. De kunstwerken moeten zelfs worden aangeraakt, anders heeft het eerste museum voor blinden geen zin.
Blinden moeten hun contacten met de kunst beperken tot muziek en literatuur. In Modena is bedacht dat blinden ook toegang moeten hebben tot vormen van beeldende kunst. Maar dan moet wel het verbod 'verboden aan te raken' worden opgeheven.
Volgende week gaat een 'afdeling voor blinden' open van de Galleria Estense. De werken die er zijn opgesteld, zijn klein en rijk aan reliëf, zodat ze gemakkelijker 'gevoeld' kunnen worden. De blinden krijgen in groepjes van vier of vijf uitleg van een gids. De catalogus is in braille. Volgens de Italiaanse vereniging van blinden is het genieten van beeldende kunst voor haar leden een volledig nieuwe en heel interessante ervaring.

Naar: *de Volkskrant*, 25 oktober 1990.

Gebieden/Verbieden

(Het is) verboden ... te doen	In het museum van de Italiaanse stad Modena zult u nergens bordjes vinden dat het verboden is kunst aan te raken.
Verboden ...	Verboden toegang.
U/Je moet ... doen	De kunstwerken moeten zelfs worden aangeraakt, anders heeft het eerste museum voor blinden geen zin.
U/Je mag ... niet	Je mag in een museum geen kunstwerken aanraken.

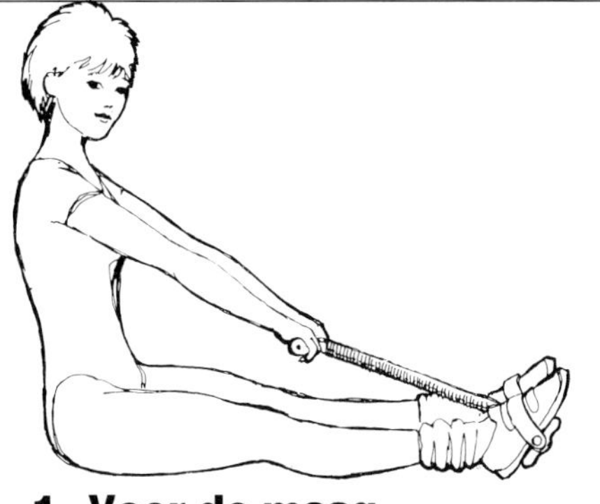

1 Voor de maag

Ga rechtop zitten, met de benen gestrekt naar voren. Beweeg het lichaam achterwaarts tot u geheel gestrekt achterover ligt. Keer daarna terug naar de zitpositie.

2 Voor de buik

Ga op uw rug liggen met de benen haaks naar boven. Beweeg de benen naar de vloer en weer terug zonder ze te buigen.

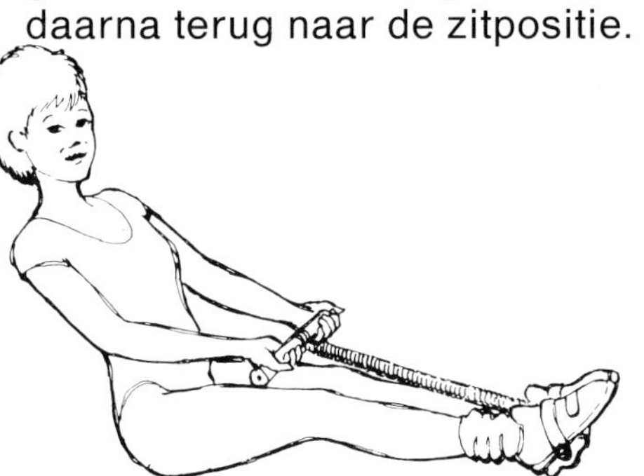

3 Voor borst en armen

Ga rechtop zitten met de benen gestrekt naar voren. Trek het handvat omhoog tot aan de maag door alleen de armen te gebruiken.

4 Voor heupen en middel

Ga achterover liggen op de vloer met de knieën gebogen tegen de borst. Maak een cirkelvormige beweging met de voeten naar de grond en weer omhoog, terwijl u de benen strekt.

Belangrijke veiligheidsaanwijzingen

1. Gebruik de trimmer nooit staande, alleen in zit- of lighouding.
2. Gebruik de trimmer alleen met droge voeten of met gympen/turnschoenen.
3. Laat de voetsteunen niet van uw voeten glijden.
4. De veer niet uittrekken als het veiligheidskoord is losgeraakt.
5. De voetbeugels moeten goed over de voeten sluiten. Als de beugels loslaten direct stoppen met de oefening. Begin opnieuw na voetsteunen en beugels goed gecontroleerd te hebben.
6. Raadpleeg bij twijfel eerst uw huisarts.

Naar: *Gebruiksaanwijzing Tummy Trimmer.*

6 Sportagenda

Zaterdag 3 november

Badminton: eredivisie Velo — Duinwijck (14.00), Culemborg — Arnhem (17.45), Van Zijderveld — Drop Shot (19.00).
Basketbal: eredivisie, mannen: Voorburg — Goba (20.00), Orca's — Meppel (19.30), Noordkop — Weert (20.00).
Biljarten: wereldbekertoernooi driebanden, Antwerpen, België .
Paardesport: Jumping Amsterdam, RAI-gebouw.
Roeien: WK, Lake Barington, Australië.
Schaken: WK-match: Kasparov — Karpov, New York.
Schaatsen: int. races over 300, 500 en 700 meter met o.a. de Russen Goeljajev, Bachvalov en Fokitsjev en de Nederlanders Terpstra, Loef en Boelsma. Utrecht: 20.00.
Tafeltennis: Marathon-competitie, eerste wedstrijd, Amsterdam: 18.30.
Turnen: EK RSG, Göteborg, Zweden.
Voetbal: profs, eredivisie: PSV — Sparta, MVV — SVV (19.30).
Eerste divisie: Telstar — BVV Den Bosch, Veendam — Excelsior, Heracles — RBC.
Voorronde EK '92, groep 3: Italië — Sovjet-Unie.
Amateurs, eerste klasse A: Quick Boys — Noordwijk, FC Lisse — IJsselmeervogels (14.30)
Eerste klasse B: Excelsior Pernis — Vitesse Delft, Altena — Barendrecht.
Eerste klasse C: Valleivogels — Sportclub Elim, Oranje Nassau, Lunteren — WHC, Spakenburg.
Volleybal: eredivisie, mannen: VC Geldrop — Reflex (16.30) eredivisie vrouwen: Zaan — Brevok, VVC — Sudosa, Olympus — Dynamo
Wielrennen: Eerste Superprestige Veldrit in Pilzen (Tsj).

Naar: *de Volkskrant*, 3 november 1990.

F

aannemen
aanraden
aanraken
aanvaarden
afhankelijk (van)
het algemeen
— in het algemeen
alsof
bedenken
beeldend
beloven
bepalen
beperken (tot)
bereiken
de blessure
de blinde
het blindenmuseum
het bord
het braille
de catalogus
het communicatieprobleem
de conditie
deelnemen (aan)
dichtbij
de dood
— zich dood schamen
doof
doorhebben
de dove
de drummer
durven
eindelijk
enorm
fit
forceren
gegeven
— op een gegeven moment
gehorig
gek
geleidelijk
geluidsoverlast
het gemak
genieten (van)
geweldig
de gids
gouden
heen
zich herinneren
herkennen
de houding
de individualist
het isolement
-jarig
— de 37-jarige
joggen
de kerel
het kunstwerk
langskomen
de lepel
letten op
het lijf
— gezond van lijf en leden
liplezen
de literatuur
het minimum
normaal
oefenen
ontstaan
opbouwen
opheffen
oppassen
opstellen
overslaan
de patiënt
perfect
de pianist
de piano
de portemonnee
raken
redden
— zich kunnen redden
de regel
het reliëf
rijk
zich schamen
— zich dood schamen
de schotel
schrikken
de spierpijn
sporten
de sportleraar
de teamsport
tikken
de training
uiteindelijk
de uitleg
vechten
verbeteren
verbieden
het verbod
verboden
het verhaal
het verlies
— tegen je verlies kunnen
de verslaggever
volkomen
voorheen
voren
— van voren af aan
waarnemen
de wand
de wc
de wedstrijd
de zangeres

Af en toe zon

A I Vervreemding

Of je nu uit Marokko of Chili, Suriname of Turkije komt, als migrant moet je aan veel dingen in Nederland wennen. Een van die dingen is de manier waarop mensen omgaan met de natuur. Doordat je in het land van herkomst vaak dichter bij de natuur leeft, valt het niet mee om te leven in een land waar de afstand tussen de mens en de natuur veel groter is.
In Nederland is die afstand al groter vanwege het klimaat. Het is er immers vaak koud en nat en de mensen leven dus veel meer binnen.

© Stefan Verwey 17-2-76. Uit: de Volkskrant

Bovendien kun je nauwelijks meer gewoon leven in de natuur: het bos lijkt er te zijn om volgens schema's te wandelen en niet om te picknicken. De bloemen zijn er om te bekijken, niet om aan te raken of te plukken. Veel beesten en vogels kun je alleen nog in boeken zien. Als het zo doorgaat, dan wordt straks elk natuurgebied in het westen een soort museum, met hekken en loketten, waar je rond kunt kijken als het geopend is. De afstand tussen mens en natuur is dan zo groot dat de mens vervreemd raakt van de natuur.
Die vervreemding is in volle gang. De migrant kan dat maar moeilijk verenigen met zijn mooie herinneringen aan de vrije natuur in het land van herkomst. Hoewel ... kun je nog spreken van 'vrije' natuur als de olifanten worden gedood in Kenia, de bossen worden gekapt in Ivoorkust en het toerisme de natuur doet verdwijnen in Tunesië en Turkije?
Door de consumptiemaatschappij in het westen en het probleem van arm en rijk in deze wereld verdwijnt de natuur steeds meer. Planten, dieren en mensen hebben daar van te lijden. Voor veel migranten komt dan ook aan de mooie herinnering een einde: de vervreemding dreigt volledig te worden!

Naar: Mohammed Rabbae, in: *Natuurbehoud*, februari 1990.

Een gevolg aangeven

zo ... dat De afstand tussen mens en natuur is dan zo groot, dat de mens vervreemd raakt van de natuur.

zodat We gaan morgen vroeg weg zodat we lekker lang kunnen wandelen.

dan ook De natuur wordt steeds verder teruggedrongen. Voor veel migranten komt dan ook aan de mooie herinnering een einde.

dus Het is er immers vaak koud en nat en de mensen leven dus veel meer binnen.

B o-o 2 Alles apart wegdoen

In de gemeente Baarn komt iedere woensdag na de vuilniswagen de retoerboer langs. Hij neemt alles mee wat de vuilniswagen heeft laten staan.
We hebben een gesprek met Karel Laval, een van de medewerkers van de Stichting Milieubrigade waar de retoerboer bijhoort.

Interviewer Karel, wat wil de retoerboer?

Karel Laval De retoerboer wil dat mensen hun afval apart wegdoen. Dat ze dus niet alles in de zak voor de vuilniswagen gooien. We willen zo weinig mogelijk afval in Nederland. Per jaar produceren we met z'n allen ongeveer vier miljard kilo huisvuil. Dat wordt allemaal verbrand. Door alle troep die het huisvuil bevat, ontstaan bij dat proces allerlei chemische reacties die heel gevaarlijke stoffen opleveren. En die stoffen komen allemaal weer terug in het milieu. Nou zeggen veel mensen 'dat is nou eenmaal zo, daar kun je niets aan doen'. Maar dat is niet waar. Veel van het afval kun je opnieuw gebruiken, zoals papier, schillen of kleding. Samen met wat andere mensen heb ik besloten hier iets aan te doen. De Stichting Milieubrigade is daarvan het resultaat.

Interviewer Wat voor afval nemen jullie mee?

Karel Laval Papier, schillen en kleding. Alles in aparte zakken.

Interviewer Ja, ja en waar gaan de schillen naartoe?

Karel Laval Naar drie boeren in de buurt. De koeien vinden het heerlijk. Het is goed voedsel. Daardoor hebben de koeien minder krachtvoer nodig. En dat krachtvoer bevat veel stoffen die slecht zijn voor het milieu. Zo snijdt het mes aan twee kanten. Dat is precies wat we willen.

Interviewer Zeg, en waar gaat het papier heen?

Karel Laval Naar de papierfabriek. In Nederland is 65% van het geproduceerde papier gemaakt van oud papier. Er blijven dus nog wel bomen nodig om nieuw papier te maken, maar niet meer zo veel als vroeger.

Interviewer En wat gebeurt er met oude kleren?

Karel Laval Zo'n 60 % ervan wordt naar het buitenland verkocht, waar het weer op de markt komt. De rest wordt gebruikt als poetslappen.

Interviewer En ben je tevreden over het resultaat?

Karel Laval De ene week is het meer dan de andere, maar over het algemeen zijn we tevreden. Ik vind dat het goed gaat.

Naar: *Handelspost*, oktober 1990.

20 *Tevredenheid uitdrukken*

Ik ben tevreden (over ...)	— Ben je tevreden over het resultaat? — Over het algemeen zijn we tevreden.
Het/Dat gaat goed	— Hoe gaat het met de retoerboer? — Ik vind dat het goed gaat.
Dat is precies wat we willen	Zo snijdt het mes aan twee kanten. Dat is precies wat we willen.

C 3 Het weer

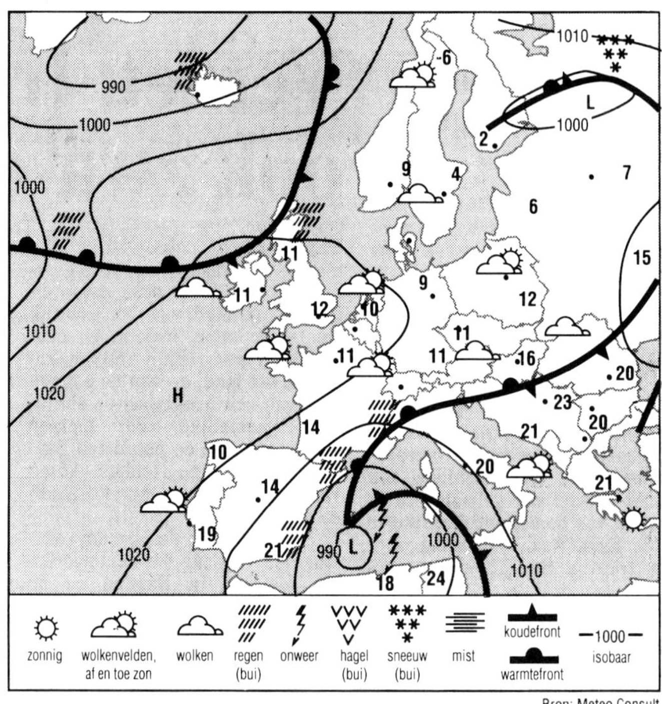

Bron: Meteo Consult

Verwachting tot zondagavond:
Het mooie weer blijft nog even. Waarschijnlijk is het zondag met een temperatuur van ongeveer 22 graden wat kouder dan nu, maar daarmee is het zeker nog niet fris. Vandaag kan het in het zuiden van het land 25 graden worden. Aan de kust wordt het niet warmer dan een graad of 20. Daar bevinden zich ook de meeste wolkenvelden. Meer naar het oosten is het zonniger. De wind is zwak, en waait uit het noorden. De zon schijnt na vandaag slechts af en toe. Mogelijk valt er wat regen. Zacht weer voor de tijd van het jaar.

Maandag t/m vrijdag
Tamelijk zacht, met nu en dan wolkenvelden, maar vooral op dinsdag ook vrij veel zon. Weinig of geen regen. Vermoedelijk meer wind.

4 Einde zomertijd

HILVERSUM — Zondag 30 september komt er een einde aan de zomertijd. Om drie uur in de nacht zet heel Europa, behalve Engeland, de klok terug naar twee uur. Direkt gevolg van het terugzetten van de klok: 's morgens lijkt het lichter, 's avonds wordt het een uur eerder donker. Over een half jaar gaat de klok weer een uur vooruit.

Zeggen dat iets niet zeker is

waarschijnlijk	Waarschijnlijk is het zondag met een temperatuur van ongeveer 22 graden wat kouder dan nu, maar daarmee is het zeker nog niet fris.
mogelijk	Mogelijk valt er wat regen.
vermoedelijk	Vermoedelijk meer wind.
Ik vermoed dat	— Hoe laat is het? — Ik vermoed dat het een uur of drie is.
Ik vraag me af of ...	— Het wordt morgen 28 graden volgens de krant. — Ik vraag me af of dat klopt, want het is nu maar 14 graden.

20 ***Het weer***

Wat voor weer is/wordt het? **Het is/wordt ...**	— Wat voor weer wordt het morgen? — Het wordt morgen 28 graden.
Het is ... (weer)	— Wat voor weer is het bij jullie? — Het is hier lekker weer.

Het regent **Het waait**  **Het sneeuwt** 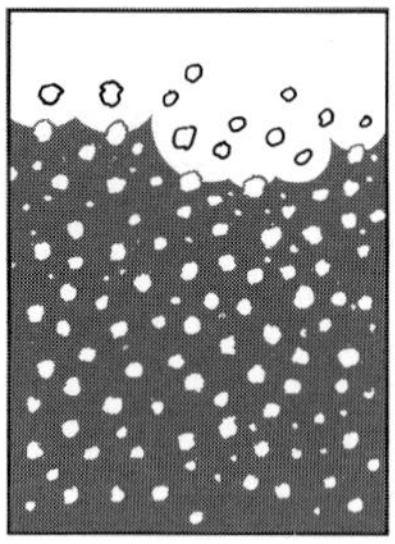 **De zon schijnt**

Graduering

wat	Waarschijnlijk is het zondag wat kouder dan nu.
vrij	Vooral op dinsdag vrij veel zon.
tamelijk	Het weer blijft tamelijk zacht.
ongeveer	De temperatuur wordt ongeveer 22 graden.
een ... of ...	Aan de kust wordt het een graad of 20.

D o-o 5 Hondepoep

Sandra Leegwater	Hé, zie je dat? Daar heb je haar weer.
Robert Little	Wie?
Sandra Leegwater	Die meid met die drie hondjes.
Robert Little	Welke meid met welke hondjes?
Sandra Leegwater	Nou, je weet wel, die pas in de buurt is komen wonen.
Robert Little	Nou en?
Sandra Leegwater	Nou en? Ze laat haar honden weer uit op het veldje voor ons huis.

Jos Collignon, in: de Volkskrant 22-9-1990

Robert Little Ja, wat wil je? Het is toch een openbaar veld?

Sandra Leegwater Openbaar veld, inderdaad, openbaar veld. Dat betekent dat de kinderen er heerlijk met een bal zouden kunnen spelen als het niet door de hele buurt als toilet voor de honden werd gebruikt. Ik heb toch al zo'n hekel aan honden.
Ik houd trouwens helemaal niet van huisdieren, of het nou katten of honden of vissen of vogels zijn. Dieren horen in de vrije natuur. Die moet je niet aan een touw binden, vind ik.

Robert Little Nou, gezellig avondje zo. Ik denk dat ik maar eens een biertje neem. Wil jij ook wat drinken?

Sandra Leegwater Nee hoor, ik ga zo naar bed. Ik heb slaap. Trouwens, jij zou toch een brief aan de gemeente schrijven? Heb je dat al gedaan?

Robert Little O ja, dat is waar ook.

Sandra Leegwater Dus dat heb je niet gedaan? Dat is helemaal mooi!

Robert Little Nou, ik vraag me af of zo'n brief zin heeft. Er is volgens mij niets aan te doen.

Sandra Leegwater Dat weet je nooit. De gemeente kan honden toch verbieden hier te poepen? Ik vind het vreselijk. Straks kun je geen stap meer zetten op het gras.

Robert Little Nou en wat dan nog? Dan loop je over de weg.

Sandra Leegwater Nou, jij maakt je ook nergens druk over, geloof ik.

Robert Little O, jawel hoor. Maar hierover niet. Dat vind ik echt niet de moeite waard.

Sandra Leegwater Nou, ik ga naar bed. Goedenacht.

Robert Little Welterusten.

Onverschilligheid uitdrukken

Nou en?	— Daar is die meid met die hondjes weer. — Nou en?
Wat wil je?	— Iedereen laat z'n hond hier voor ons huis uit. — Ja, wat wil je, het is een openbaar veld.
Er is niets aan te doen	— Heb je die brief aan de gemeente al geschreven? — Nee, ik vraag me af of zo'n brief wel zin heeft. Er is volgens mij niets aan te doen.
En wat dan nog?	— Straks kun je geen stap meer zetten op het gras. — Nou, en wat dan nog? Dan loop je over de weg.

Iemand iets verwijten

U/Je zou ... toch doen?	— Trouwens, jij zou toch een brief aan de gemeente schrijven? Heb je dat al gedaan? — O ja, dat is waar ook.
U/Je hebt ... niet gedaan	— Dus dat heb je niet gedaan? Dat is helemaal mooi.

Het verkleinwoord

Het verkleinwoord wordt meestal gebruikt om uit te drukken dat iets klein of onbelangrijk is. Soms heeft het verkleinwoord een aparte betekenis (bijvoorbeeld: ijsje, biertje).

1 **zelfstandig naamwoord + -je**

hond — hondje
brief — briefje

Zullen we een eindje lopen?

Let op: glas — gl**aa**sje
blad — bl**aa**dje

2 **zelfstandig naamwoord + -tje**

ei — eitje
vogel — vogeltje

Heb je zin in een biertje? (een glas bier)

Let op: café — caf**ee**tje
auto — aut**oo**tje

3 **zelfstandig naamwoord + -pje**

film — filmpje
bloem — bloempje

Wat een mooi boompje is dat!

4 **zelfstandig naamwoord + -kje**

woning — woninkje
haring — harinkje

Mary en Paul hebben een aardig woninkje gevonden.

5 **zelfstandig naamwoord + -etje**

weg — we**gg**etje
bon — bo**nn**etje

Ik heb een plannetje bedacht.

E 6 In de trein

Ik zag het zonlicht op een waterplas,
en weilanden met hekken in het
gras,
en aan een vaart: huizen, van
achteren.
Daar leek het leven een veel zachtere
stemming te hebben dan het ooit
nog heeft,
tenzij men in herinneringen leeft.
Ik zag bomen met hun groot
geduld:
geen boom toch vindt het leven
onvervuld
omdat hij staan moet blijven waar hij
staat,
terwijl een koe mag lopen tot het
draad,
en zeer bereisd is, als we 't
vergelijken
met beuken of met eeuwenoude
eiken.
Jaja, zo filosofisch kan men zijn
in 't monotone ritme van de trein,
en 'k had naar China willen reizen zo,
maar moest er helaas uit in Almelo.

Uit: Willem Wilmink, *Verzamelde liedjes en gedichten*, Amsterdam 1986.

20

F

de afstand
het afval
apart
de bal
het bed
het beest
bekijken
besluiten
zich bevinden
binden
de bloem
de boer
chemisch
de consumptie-
maatschappij
doden
dreigen
druk
— zich druk maken
(over)
eenmaal
de gemeente
gevaarlijk
het gevolg
gooien
het gras
het hek

de herinnering
hierover
de hondepoep
horen bij
het huisdier
het huisvuil
de kant
kappen
de kat
de kleding
de kleren
de klok
de koe
het krachtvoer
de kust
de meid
het mes
— het mes snijdt aan
twee kanten
de milieubrigade
het miljard
nat
het natuurgebied
nauwelijks
het noorden
de olifant
het oosten

openen
opleveren
het papier
picknicken
de plant
poepen
de poetslap
het proces
produceren
regenen
de rest
de retoerboer
samen
het schema
schijnen
de schil
de slaap
sneeuwen
snijden
de stap
de stof
de temperatuur
terugzetten
het toerisme
het touw
de troep
uitlaten

vallen
vanwege
het veld
verbranden
verdwijnen
verenigen (met)
vermoedelijk
vervreemd
de vervreemding
de verwachting
het voedsel
de vogel
de vuilniswagen
waaien
wandelen
wegdoen
welterusten
wennen (aan)
het westen
zacht
de zak
de zomertijd
de zon
de zondagavond
zonnig
het zuiden
zwak

21 We zien elkaar geregeld

A I Een hele kring vrienden.

Jantien van Ros is gezinssociologe. Ze vertelt iets over haar relaties.

In 1968 ben ik getrouwd met Bob Veldman. In 1976 hebben we het besluit genomen om definitief uit elkaar te gaan. Na veel ruzie en heel snel. Anderhalf jaar ben ik door een diep dal gegaan en heb ik veel verdriet gehad. Nu is Bob een goede kennis, maar ik zou hem nooit een vriend noemen. Daarvoor zijn we allebei nu te verschillend. Ik woon in dit huis met mijn twee zoons. In het weekend logeren ze bij hun vader. Het huis is van mij en wij hebben met zijn drieën de onderste verdieping. Ieder heeft voor zichzelf een kamer, en we hebben samen een woonkamer, keuken en een badkamer. Boven wonen nog acht mensen. Ik vind het zelf heel prettig dat we niet met ons gezin alleen in een huis wonen en dat we toch genoeg ruimte voor onszelf hebben.

Na mijn scheiding zijn mijn relaties met mijn vrienden sterk veranderd: er blijven weinig mensen over die je samen kende. Je zou mijn situatie als volgt kunnen beschrijven: Ik heb één heel goede vriend. We wonen niet samen, maar zien elkaar geregeld. Met hem heb ik ook een erotische verhouding. Dan zijn er nog een paar goede vriendinnen met wie ik bijvoorbeeld op vakantie ga en met wie ik zwem. Een deel van mijn vriendschappen loopt ook via mijn werk. Voor mij heeft werk heel veel met vriendschap te maken. Je deelt een interesse en je werkt samen. Sommige collega's zie ik alleen maar op kantoor, terwijl we toch echt vrienden zijn. Dan heb ik nog één goede vriend en één goede vriendin. Beiden zie ik minstens één keer per week. Dan twee vriendinnen en twee vrienden. Daaromheen zit dan weer een

hele kring vrienden van vrienden die elkaar ook weer kennen.
Ik denk dat ik, als ik getrouwd gebleven was, minder vrienden zou hebben. Liefde werkt natuurlijk heel polariserend: jij en ik tegen de anderen. Samen ben je toch een eenheid tegenover de rest van de wereld.

Naar: *Humanist*,

Zelf, elkaar

Zelf **wordt gebruikt in combinatie met zelfstandige naamwoorden en met persoonlijke en wederkerende voornaamwoorden.**

Mijn zusje heeft haar trouwjurk *zelf* gemaakt.

Ik vind het *zelf* heel prettig dat we niet met ons gezin alleen in een huis wonen en dat we toch genoeg ruimte voor *onszelf* hebben.

Heb je *jezelf* aangekleed? Wat ben jij een grote jongen!

Elkaar **is een wederkerig voornaamwoord.**

personen
Daaromheen zit dan weer een hele kring vrienden van vrienden die *elkaar* ook weer kennen.

Jan en Anneke houden van *elkaar*.

zaken
De auto's reden achter *elkaar*.

Let op: Elkaar wordt vaak uitgesproken als 'mekaar'.

Beide(n), allebei

***Beide(n)* betekent: *de/die twee*, evenals *allebei*, dat meer in de spreektaal wordt gebruikt.**

beiden (*personen*)	Dan heb ik nog één goede vriend en één goede vriendin. *Beiden* zie ik minstens één keer per week.
beide (*zaken*)	Ik kom op de vergadering met twee problemen. *Beide* moeten worden opgelost.
allebei (*personen*)	Nu is Bob een goede kennis, maar ik zou hem nooit een vriend noemen. Daarvoor zijn we *allebei* nu te verschillend.
allebei (*zaken*)	— Ik heb je twee boeken meegegeven. Heb je die al gelezen? — Nee, ik heb ze nog niet *allebei* gelezen.

B o-o 2 We doen bijna alles samen!

Jean-Paul en Hans René zijn tweelingen. Op de foto heeft Hans René een baard en Jean-Paul een snor. Ze studeren allebei Engels en vertellen iets over hoe het is als je tweelingen bent.

Jean-Paul Nou, we trekken veel met elkaar op, ook nou we allebei studeren. Dat is wel handig. Vaak verdelen we het werk en dan gebruiken we elkaars uittreksels. De zijne zijn altijd beter dan die van mij, dus daar heb ik geluk mee. Ruzie? Nou, dat hebben we niet veel. Sommige vrienden van ons zijn daar wel eens jaloers op. Die hebben dan veel problemen met hun eigen broers of zussen, terwijl wij behalve broers, ja, ook vrienden van elkaar zijn.

Hans René Voetbal, dat doen we ook samen. Eerst stond ik in het doel en Jean-Paul niet, maar later voetbalden we ineens naast elkaar.

Jean-Paul Ja, hij is wel hij en ik ben wel ik maar we zijn toch moeilijk te scheiden. Op feestjes gebeurt het vaak dat ik met iemand sta te praten en dan blijkt dat Jean-Paul hetzelfde verhaal al verteld heeft. Een vorm van telepathie lijkt het wel.

Hans René Over veel dingen denken we ook hetzelfde, over de politiek vooral. We zijn allebei dienstweigeraars. Wat soms wel moeilijkheden geeft, is het feit dat ik sinds anderhalf jaar een relatie heb met een oudere vrouw.

Jean-Paul Met die relatie heb ik het aanvankelijk wel moeilijk gehad, ja. Kijk, we doen bijna alles samen, ook eten. En Jean-Paul kwam dan vaak gewoon niet. Ik was dan woest, hoewel ik best inzag dat ik mijn wil niet aan hem kon opleggen.

Hans René Dan bleef ik liever bij mijn vriendin eten. Maar daar kunnen we als broers over praten. We hebben elk een eigen persoonlijkheid. Ik leg eerder contacten, Jean-Paul kijkt meer de kat uit de boom.

Jean-Paul Ik ben nog maar twee keer echt verliefd geweest. Ik kan niet goed meedoen aan spelletjes om iemand te versieren. Wat een flauwekul! Maar als ik eenmaal van iemand houd, dan kan die op me rekenen.

Naar: *Ad Valvas*, 15 november 1990.

Boosheid/Irritatie uitdrukken

Ik ben woest We doen bijna alles samen, ook eten. Maar Jean-Paul kwam dan vaak gewoon niet. Ik was dan woest.

Ik ben razend Jan was vorige week jarig. Hij zei dat hij me op zijn feestje zou vragen, maar ik heb niets gehoord. Ik ben razend! Ik dacht dat hij mijn beste vriend was.

flauwekul Ik kan niet goed meedoen aan spelletjes om iemand te versieren. Wat een flauwekul!

Bezitsrelaties

de/het mijne/jouwe, enzovoort	*De zijne* zijn altijd beter dan die van mij, dus daar heb ik geluk mee. Mag ik jouw boek even lenen? *Het mijne* ligt thuis.
die/dat van mij/jou, enzovoort	De zijne zijn altijd beter dan *die van mij*, dus daar heb ik geluk mee.
1 de/het **mijne**	die/dat **van mij**
2 de/het **jouwe**	die/dat **van jou**
de/het **uwe**	die/dat **van u**
3 de/het **zijne**	die/dat **van hem**
de/het **hare**	die/dat **van haar**
1 de/het **onze**	die/dat **van ons**
2 –	die/dat **van jullie**
de/het **uwe**	die/dat **van u**
3 de/het **hunne**	die/dat **van hen**

C 3 Familie en relaties

Felicitaties

Lieve Liesbeth,
Gefeliciteerd met je verjaardag namens de hele familie!
Veel liefs van ons allemaal.

Vandaag viert onze
OPA JAN VAN BOVEN
zijn 85ste verjaardag.
Opa, hartelijk gefeliciteerd,
uw kleinkinderen.

GEBOORTE

Met grote vreugde geven wij kennis van de geboorte van
FLORIS JAN
zoon van Marina Dijkman en Tony Jansen
Rotterdam, 9 oktober 1990.

GEHUWD

Menno van Deursen
en
Gitta Keulman
Den Haag, 13 januari 1991

OVERLIJDEN

Heden overleed mijn lieve zoon, onze broer, zwager, oom en vriend

BART VAN VAASSEN

7 november 1951 — 13 december 1990

Amstelveen:
M. van Vaassen-de Pril
Dick en Marijke van Vaassen
Jeroen, Sonja en Sjoerd
Jan en Angela van Vaassen
Aalsmeer:
Ria en Johan van Notten
Rick, Bart en Anouk
Amsterdam:
Mohamed Aziz

Correspondentieadres:
M. van Vaassen-de Pril
Dorpsstraat 10
1013 HV Amstelveen

De crematie zal plaatsvinden op maandag 17 december 1990 om 12.30 uur in het Crematorium Noorderveld, Ookmeerweg 275 te Amsterdam.

Na afloop gelegenheid tot condoleren.

Bart hield veel van bloemen.

Feliciteren

(Hartelijk) gefeliciteerd met ...

Lieve Liesbeth, gefeliciteerd met je verjaardag namens de hele familie.

Vandaag viert onze OPA JAN VAN BOVEN zijn 85ste verjaardag. Opa, hartelijk gefeliciteerd.

— Mag ik u feliciteren met uw promotie?
— Dank u wel.

Condoleren

(Van harte) gecondoleerd met...

— Gecondoleerd met het overlijden van je vader.
— Dank je wel.

Na afloop gelegenheid tot condoleren.

D o-o 4 Privacy

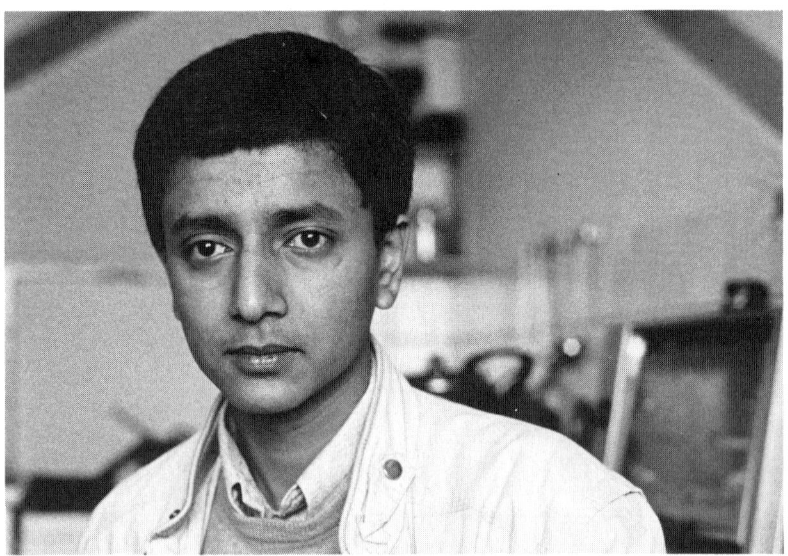

Sanjib Chowdhury (27) is een jonge Indiase antropoloog die onderzoek doet in Nederland. Ruim een jaar heeft hij gewerkt in een groot bejaardenhuis in Amsterdam. We praten met hem over zijn ervaringen.

Interviewer Jij doet onderzoek onder bejaarden. Wat onderzoek je?

Sanjib Chowdhury Ik ben bijzonder geïnteresseerd in het begrip 'privacy'. In jullie cultuur willen mensen veel persoonlijke vrijheid en veel ruimte voor zichzelf scheppen. Iedereen wil het liefst onafhankelijk zijn van zijn familie, zijn kinderen, zijn buren, enzovoort. Ik probeer uit te zoeken of dat problemen geeft bij het ouder worden.

Interviewer En hoe doe je dat?

Sanjib Chowdhury Ik werkte een tijdje gewoon mee in een bejaardenhuis, moest mensen wassen en eten brengen. En intussen keek ik goed rond.

Interviewer Dat was zeker hard werken?

Sanjib Chowdhury Ja, ja, maar dat was niet erg.

Interviewer Je moest zeker wel wennen?

Sanjib Chowdhury Ja, vreselijk. Wassen bijvoorbeeld deed ik eerst op de Indiase manier: rug natmaken, inzepen en dan afdrogen. De mevrouw die ik waste, vroeg boos: 'Vind jij mij zo vies?' Maar toen ik vertelde waarom ik haar zo waste, zei ze direct: 'O, nou begrijp ik het'.

Interviewer Wat voor dingen zijn er uit je onderzoek gekomen?

Sanjib Chowdhury Alle bejaarden in het bejaardenhuis waar ik werkte, hadden een eigen kamer. Het bleek dat ze 's morgens naar de koffiekamer gingen om koffie te drinken en om de andere mensen te ontmoeten.

Als ze gingen wandelen, of als ze een tochtje maakten met een bus, gingen ze liever met zijn tweeën dan alleen. Maar ik ontdekte dat 's avonds iedereen op zijn eigen kamer televisie zat te kijken. De eigen kamer was de enige eigen plek. Daar kwam niemand op bezoek, behalve de kinderen, als ze die hadden.

Interviewer Kwamen de kinderen vaak op bezoek?

Sanjib Chowdhury De meeste kinderen kwamen niet meer dan één keer in de maand, liefst op zondag. En dan bleven ze maar een uurtje. Er waren ook kinderen die nooit kwamen. Ik kan je verzekeren dat dat voor iemand die uit India komt niet te begrijpen is.

Interviewer Klaagden de bejaarden daar over?

Sanjib Chowdhury Nou, tegen mij zeiden ze wel vaak dat ze hun kleinkinderen zo graag meer wilden zien. Je zag hun blik steeds maar weer naar die foto's gaan. Dat vond ik zo triest. Maar ze zeiden ook liever niet bij hun kinderen in huis te willen wonen. Ze wilden niet afhankelijk zijn.

Het heeft acht maanden geduurd voor ik me realiseerde dat oudere mensen in Nederland echt liever niet bij hun kinderen willen wonen. In het begin dacht ik: 'dat geloof ik niet!'

Naar: *Onze Wereld*, december 1988.

Iemands woorden weergeven

directe rede	De mevrouw die ik waste vroeg boos: 'Vind je me zo vies?'
	Maar toen ik vertelde waarom ik haar zo waste, zei ze direct: 'O, nou begrijp ik het'.
	In het begin dacht ik: 'dat geloof ik niet!'
indirecte rede	Nou, tegen mij zeiden ze wel vaak dat ze hun kleinkinderen zo graag meer wilden zien.
	Maar toen ik haar vertelde waarom ik haar zo waste ...
te + *infinitief*	Maar ze zeiden ook liever niet bij hun kinderen in huis te willen wonen.

E 5 Wie alleen loopt, raakt de weg kwijt.

Wie alleen loopt, raakt de weg kwijt,
alleen uit de gemeenschap
komt de wijsheid.
(...)
Eén hand alleen kan geen touw
om een bundel knopen.
Wie alleen loopt, raakt de weg kwijt.
Wie dan valt,
heeft niemand om haar op te helpen.
Wie dan schreeuwt,
heeft niemand die haar hoort.
Wie alleen loopt,
gaat zwaar gebukt onder haar last,
niemand deelt haar vreugde of verdriet.
Wie alleen loopt, raakt de weg kwijt.
Haar kola eet ze alleen.
Ze heeft twee voeten, ze heeft alleen maar
twee armen,
ze heeft maar twee ogen.
In de gemeenschap
heeft ieder duizenden handen,
heeft ieder duizenden voeten,
loopt niemand ooit alleen.

(Chansons populaires Bamilike)

Uit: *Wie alleen loopt raakt de weg kwijt*, Uitgave 1987 BijEEN, 's-Hertogenbosch. Foto: Vivant Univers

Brief van de week

Hoe vind ik een geschikte partner?

Ik ben 42 en sinds vier jaar gescheiden. Nu ik zo langzamerhand over de klap van de scheiding heen begin te komen, voel ik toch wel weer de behoefte aan een vriend. Ik hoef niet meteen te trouwen of samen te wonen; ik wil graag een band met iemand hebben. Maar hoe vind ik iemand? Op mijn werk is iedereen getrouwd en mijn kennissenkring is danig ingeperkt na de scheiding. Hoe pak ik dat aan?

MEVR. I.R. TE S.

De meeste mensen ontmoeten een partner 'via via', de broer van een collega of de zus van iemand op de tennisvereniging. U kunt de mogelijkheden om een partner te treffen vergroten door er in de eerste plaats zelf op uit te gaan. U kunt lid worden van een club of vereniging of nog directer: avonden voor alleenstaanden bezoeken, een contactadvertentie plaatsen of op een advertentie reageren. Ook kunt u allerlei bijeenkomsten bezoeken, zoals bijvoorbeeld kort durende cursussen of lezingen bij u in de buurt. Behalve dat u er misschien de persoon tegenkomt die u aanstaat, brengt u uw tijd op een leuke manier door en ontmoet u wellicht ook nog allerlei andere interessante mensen.

Uit: Libelle 16 november 1990.

F

aanvankelijk
afdrogen
de afloop
de antropoloog
de baard
de badkamer
het begrip
het bejaardenhuis
beschrijven
het besluit
de blik
boos
condoleren
het correspondentie-adres
de crematie
de cultuur
daaromheen
het dal
het deel
definitief
delen
de dienstweigeraar
diep
het doel
de eenheid
erotisch
het feit
de felicitatie
feliciteren
de flauwekul
het geluk
geregeld
de gezinssociologe
heden
intussen
inzepen
inzien
jaloers (op)
kennisgeven
klagen (over)
het kleinkind
de koffiekamer
de kring
de liefde
logeren
maken
— te maken hebben met
de moeilijkheid
namens
natmaken
onafhankelijk
ontmoeten
opleggen
optrekken
— met elkaar optrekken
overblijven
persoonlijk
de persoonlijkheid
plaatsvinden
de plek
polariseren
de privacy
rekenen
— op iemand/iets rekenen
de relatie
de ruzie
samenwerken
scheiden
de scheiding
scheppen
de snor
het spel
de telepathie
de tocht
triest
de tweeling
het uittreksel
het verdriet
de verhouding
de verjaardag
verliefd
versieren
verzekeren
via
vieren
vies
het voetbal
volgen
— als volgt
de vreugde
de vriendschap
de vrijheid
wassen
de wil
woest
de zwager
zwemmen

22 Kunt u me helpen?

A o-o 1 Bij de politie

Interview met Samira Djebbar, geboren in Marokko. Ze werkt sinds drie jaar bij de Nederlandse politie.

Interviewer Samira, je werkt nu al een aantal jaren bij de politie. Hoe bevalt het je?

Samira Djebbar Heel goed! Ik ben nog steeds heel blij met deze baan.

Interviewer Vertel eens, wat doe je zo op een dag?

Samira Djebbar Nou, als je straatdienst hebt, dan kan er van alles gebeuren: je wordt bijvoorbeeld gewaarschuwd dat er een ongeluk is gebeurd. En daar ga je dan heen, samen met je collega.

Interviewer Vragen de mensen ook wel eens direct om hulp?

Samira Djebbar O, jazeker. Laatst kwam er nog een oude dame naar ons toe, helemaal in tranen. Huilend vroeg ze: 'Mevrouw, kunt u me alstublieft helpen? Mijn poes zit al twee dagen in een boom en ik ben bang dat hij doodgaat van de honger'. Nou, toen hebben we de brandweer gebeld en die heeft hem eruit gehaald. Je bent dus niet alleen maar bezig de orde te handhaven.

Interviewer Geef je vaak bonnen?

Samira Djebbar Nou, in het begin gaf ik er meer dan nu. Nu geef ik bijvoorbeeld geen bon voor het rijden zonder autogordel, hoewel dat wettelijk verplicht is, maar wel voor het rijden door een rood stoplicht. Er gebeuren zoveel ongelukken met voetgangers bij stoplichten! En tegen de mensen die te hard rijden moet je ook krachtig optreden.

Interviewer	Zijn er veel vrouwen bij de politie?
Samira Djebbar	Er zijn er nog niet genoeg: in totaal maar zeven procent. En buitenlandse vrouwen zijn er helemaal erg weinig.
Interviewer	Ja, maar daar proberen ze nu toch wat aan te veranderen, is het niet?
Samira Djebbar	Ja, er wordt hard gewerkt om meer vrouwen en in het bijzonder meer buitenlandse vrouwen aan te trekken. Zo heeft men speciale advertenties gemaakt.
Interviewer	Ah! Moet je harder werken als vrouw bij de politie?
Samira Djebbar	Ja, absoluut. Er wordt steeds kritisch naar je gekeken. Vooral in situaties waar kracht nodig is.
Interviewer	Welke eigenschappen heb je nou vooral nodig bij de politie?
Samira Djebbar	Je moet belangstelling hebben voor mensen, je moet snel kunnen handelen en je moet ook geduld hebben. En je moet zeker niet beginnen met het idee van 'ik ga met veel gezag die stad eens even veilig maken, met mijn uniform aan en die pet op', want zo is het dus helemaal niet.

Naar: *de Volkskrant*, 7 oktober 198

Om hulp vragen

Kunt u me (alstublieft/ even) helpen?	Laatst kwam er nog een oude dame naar ons toe, helemaal in tranen. Huilend vroeg ze: 'Mevrouw, kunt u me alstublieft helpen? Mijn poes zit al twee dagen in een boom en ik ben bang dat hij doodgaat van de honger.'
Help!	De vrouw lag in het water en riep: 'Help!'

Vreugde uitdrukken

Ik ben blij (dat) (met)	— Samira, je werkt nu al weer een aantal jaren bij de politie. Hoe bevalt het je? — Heel goed. Ik ben nog steeds heel blij met deze baan. Ik ben blij dat ik een baan bij de politie gekregen heb.
Ik vind het fijn (dat...)	Ik vind het altijd fijn om mensen te kunnen helpen. Ik vind het fijn dat u wilt komen.
Fijn dat...	Ha, Peter. Kom binnen. Fijn dat je gekomen bent.

B 2 06-11 Alleen als seconden tellen

Sinds enige tijd is er een landelijk alarmnummer in Nederland: 06-11. Wanneer moet men dit nummer bellen? Alleen als het een echt noodgeval betreft, dat wil zeggen: situaties waarin seconden van levensbelang zijn. Als het gaat om bijvoorbeeld een ongeluk met alleen blikschade, dan belt men het gewone nummer van de politie. Maar als men iemand een poging tot inbraak ziet doen of er is brand, dan moet het landelijke alarmnummer gebeld worden.

Het voordeel van zo'n centraal nummer is dat men direct doorverbonden wordt met de instelling waarvan de hulp nodig is: de politie, de brandweer of de ambulance. Vroeger moest eerst het nummer van de politie gebeld worden (soms ook nog opgezocht) en dan werd het hele verhaal uitgelegd en die gaf de boodschap dan weer door aan de betreffende dienst. Daardoor ging veel tijd verloren.

ALS ELKE SECONDE TELT

Maak er verstandig gebruik van.

Wat nu te doen bij alarm?

1. Bel 06-11 (draai/druk 06, wacht op de kiestoon en draai/druk vervolgens 11).
2. Vertel waar u hulp wenst.
3. Vertel van wie u hulp wilt, dus van de politie, van de brandweer of van de ambulance.
4. U wordt doorverbonden met de betreffende dienst en u vertelt wat er aan de hand is en waar.

06-11: Onthoud dit nummer!!

Naar: *Echo Stadsblad* 7 maart 1990

Het onbepaalde voornaamwoord: men

Men **duidt mensen in het algemeen aan. Het komt alleen als onderwerp in de zin voor, met het werkwoord in het enkelvoud.**

Als het gaat om bijvoorbeeld een ongeluk met alleen blikschade, dan belt *men* het gewone nummer van de politie. Maar als *men* iemand een poging tot inbraak ziet doen of er is brand, dan moet het landelijk alarmnummer gebeld worden.

Men zegt dat er een ongeluk gebeurd is.

C 3 Gesprek met een koerier

Hier volgt een gesprek met Herman Eskens, tweeëntwintig jaar oud en vierdejaars student rechten. Hij werkt naast zijn studie voor een koeriersdienst.

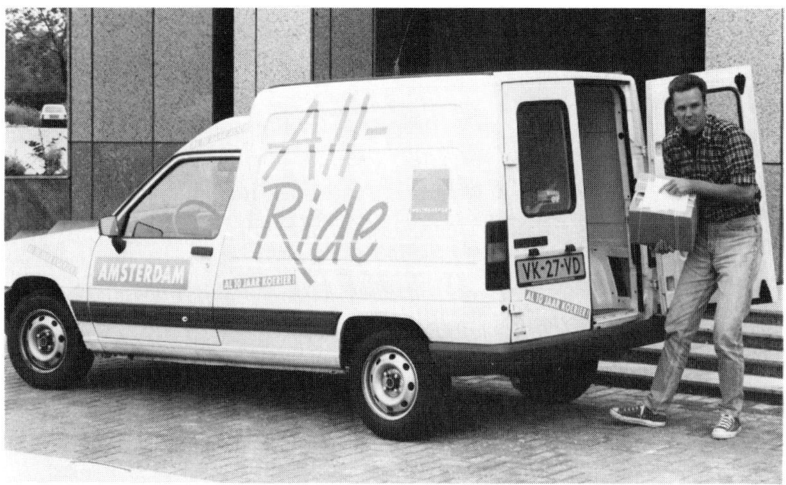

Interviewer Wat doet een koerier eigenlijk?

Herman Eskens Eigenlijk is het heel eenvoudig. Er moeten spulletjes van A naar B en een koeriersdienst doet dat. Dat kost wel geld natuurlijk. Ze roepen me dan via de autotelefoon: 'Rijd nog even snel daarheen, snel als een raket'.

Interviewer En dat doe je dan?

Herman Eskens Ja. Koeriers krijgen nooit een bon voor fout parkeren, dus ik ga altijd voor het bedrijf op de stoep staan. Dan snel naar binnen, tekenen voor ontvangst en weg ben ik.

Interviewer Wat vervoer je meestal?

Herman Eskens Meestal vervoer ik brieven of dozen maar soms zijn het ook hele rare dingen. Pas had ik bijvoorbeeld nog een hele grote plant. Dat gaat dan per koerier omdat zoiets niet zomaar met de post meekan. En ik moest laatst nog een krat koud bier van het ene kantoor naar het andere brengen. Kijk, ik vind dat best hoor. Wij rijden wel. Maar dan moet het ook nog supersnel, want 'de flesjes mogen niet warm worden'. Alles moet vlug, zelfs een kratje bier. De hele samenleving is nou eenmaal haastig. Niks mag meer langzaam, tijd is geld. Iedereen loopt te rennen.

Interviewer Zeg, je rijdt zeker vaak harder dan 120 kilometer?

Herman Eskens Ja, ik rijd regelmatig 150 kilometer per uur. Ik kijk dan wel voortdurend in mijn spiegels: 'Komt er geen politie achter me aan?'

Interviewer Heb je wel eens een ongeluk gehad?

Herman Eskens Nee nog nooit. We zijn geen wegpiraten trouwens. Dat denken veel mensen. Ik moet wel doorrijden natuurlijk, maar het is eigenlijk meer een kwestie van slim rijden dan van scheuren. Op tijd remmen en goed uitkijken.

Interviewer Wat vind je het leukste van dit werk?

Herman Eskens In de auto heb je met niks en niemand wat te maken. Ik rijd lekker over de weg, radiootje aan. Ik heb in mijn wagen gewoon mijn eigen wereldje, daar voel ik me vrij. Dan zit ik te genieten.

Interviewer Betaalt het goed?

Herman Eskens Ja, vind ik wel: veertien gulden per uur ongeveer, dat is toch aardig voor mijn leeftijd. Ik houd alleen weinig tijd over voor mijn studie: van half vier tot een uurtje of tien zit ik namelijk op de weg. Daarna moet ik nog eten. Ja en als je dan je vrienden nog wilt zien, dan begrijp je dat ik niet zoveel studeer. Ik wil wel minder werken, maar ik heb geen beurs; daarom moet ik dit werk wel blijven doen.

Naar: *Ad Valvas*, 11 oktober 199

Zitten, staan, liggen, lopen + te + infinitief

Meestal geven deze hulpwerkwoorden de houding van het onderwerp aan, terwijl de handeling wordt uitgedrukt door de infinitief.

Ik heb in mijn wagen gewoon mijn eigen wereldje, daar voel ik me vrij. Dan *zit* ik *te genieten*.

Alles moet vlug, zelfs een kratje bier. De hele samenleving is nou eenmaal haastig. Niets mag langzaam, tijd is geld. Iedereen *loopt te rennen*.

Voor het slapen *lig* ik graag nog wat *te lezen* in bed.

Er *stonden* veel mensen op straat *te kijken* naar het ongeluk.

Snelheid

snel	Rijd nog even snel daarheen, snel als een raket.
vlug	Alles moet vlug, zelfs een kratje bier.
hard	Je rijdt zeker vaak harder dan 120 kilometer?
langzaam	Niets mag langzaam, tijd is geld.
km/u	— Zeg, je rijdt zeker vaak harder dan 120 kilometer? — Ja, ik rijd regelmatig 150 kilometer per uur.

D 4 Eerst naar het Arbeidsbureau

Als u op zoek bent naar een baan, moet u eens bij het Arbeidsbureau gaan kijken. In alle grote plaatsen van Nederland zijn Arbeidsbureaus (140 in totaal). Het aantal mensen dat via deze organisatie een vaste baan vindt, bedraagt per jaar ongeveer 120 000.

Welke taken vervult het Arbeidsbureau?
Ten eerste geven ze bemiddeling: de medewerkers kijken steeds naar vraag en aanbod op de arbeidsmarkt. De gegevens van de werkzoekenden worden voortdurend vergeleken met de vacatures van de werkgevers. Er wordt informatie gegeven aan de werkzoekenden over vacatures. Sommige Arbeidsbureaus hebben daarvoor een zogenaamde Vacaturelijn: 24 uur per dag worden de nieuwste vacatures per telefoon bekend gemaakt. Ook wordt er door het Arbeidsbureau een Banenkrant uitgegeven waarin vacatures aangekondigd staan.
Ten tweede zorgt het Arbeidsbureau voor scholing. Als er in bepaalde beroepen geen vacatures meer zijn, is het misschien beter van beroep te veranderen. Tevens zijn er soms extra cursussen in het eigen beroep nodig. De werkzoekende bekijkt samen met iemand van het Arbeidsbureau welke cursussen of opleidingen geschikt zijn. Het Arbeidsbureau werkt samen met het Centrum Vakopleiding. Hiervan bestaan er 40 in Nederland. Deze instituten verzorgen cursussen en opleidingen op technisch en administratief gebied.

In 1988 volgden 20 000 mensen een opleiding of cursus bij een Centrum Vakopleiding. Meer dan 85% had binnen drie maanden een baan gevonden.

Voor wie is het Arbeidsbureau?
De informatie van het Arbeidsbureau is bedoeld voor iedereen. De Vacaturelijn en de Banenkrant mag iedereen gebruiken. U hoeft zich dan niet in te schrijven als werkzoekende. Als u wilt meedoen aan een cursus of een opleiding moet u zich wel inschrijven.
U kunt ook met vragen komen bij de medewerkers van het Arbeidsbureau: u weet bijvoorbeeld niet precies voor welk beroep u de meeste aanleg hebt of u hebt pas ontslag gekregen en u begrijpt sommige dingen niet.
Bij veel Arbeidsbureaus kan een cursus solliciteren gevolgd worden, waar werkzoekenden kunnen leren hoe sollicitatiegesprekken gevoerd worden. Ook zijn er bij veel Arbeidsbureaus tegenwoordig speciale projecten voor allochtonen, omdat de werkloosheid onder buitenlanders erg hoog is. Zo zijn er projecten over informatica, boekhouden en techniek. Als u een uitkering hebt, wordt u meestal zonder problemen toegelaten tot zulke projecten.

Naar: brochure *Eerst naar het Arbeidsbureau*, uitgave van het Ministerie van Sociale Zaken en Werkgelegenheid, september 1989.

Toestemming geven

U/Je mag	De Vacaturelijn en de Banenkrant mag iedereen gebruiken.
U/Je kunt	U kunt ook met vragen komen bij de medewerkers van het Arbeidsbureau.
	Je kunt je hier inschrijven.

De passiefconstructie

De passiefconstructie heeft de volgende vorm:
***worden* + voltooid deelwoord (+ *door* + handelende persoon)**

Ook *wordt* er *door* het Arbeidsbureau een Banenkrant *uitgegeven* waarin vacatures aangekondigd staan.

Gisteren *werden* op het Arbeidsbureau de gegevens van de werkzoekenden *vergeleken* met de vacatures.

Er *is door* het Arbeidsbureau een Banenkrant *uitgegeven.*

Door wie *was* nog geen formulier *ingevuld?*

Onvoltooid tegenwoordige tijd	Het formulier **wordt** ingevuld.
Onvoltooid verleden tijd	Het formulier **werd** ingevuld.
Voltooid tegenwoordige tijd	Het formulier **is** ingevuld.
Voltooid verleden tijd	Het formulier **was** ingevuld.

E 5 De bibliotheek

'Ze zeggen dat de openbare bibliotheek voor iedereen is.

Dus ook voor mij?'

Zeker, want het maakt niet uit welke opleiding je hebt, hoe oud je bent, of je werkt of werkloos bent, of je man of vrouw bent. Daarbij is de openbare bibliotheek over heel Nederland verspreid. In wel meer dan elfhonderd grote en kleinere gebouwen. Maar ook in speciale bussen die naar ver-van-de-bibliotheek-liggende plaatsen rijden. Zo kan echt iedereen van de openbare bibliotheek gebruik maken, want *openbaar* wil zeggen dat iedereen vrij toegang heeft. Een openbare bibliotheek is vrij toegankelijk om wat te lezen in boeken, kranten of tijdschriften. Of misschien wil je iets meer weten over een aktueel onderwerp of een natuurverschijnsel: de bibliotheek heeft een grote kollektie naslagwerken die zeker uitkomst zal bieden. De studie- en leeszalen staan open voor iedereen. De openbare bibliotheek is namelijk meer dan een gebouw vol boeken die geleend kunnen worden. En al deze voorzieningen kosten niets. Pas wanneer je een boek of ander materiaal mee naar huis wilt nemen, is het nodig lid te worden van de openbare bibliotheek.

22

'Wat heeft de bibliotheek mij eigenlijk te bieden?'

In de eerste plaats natuurlijk *boeken*. Iedere openbare bibliotheek heeft een grote verzameling romans, verhalen en gedichten. Zowel in het Nederlands als in buitenlandse talen. Verder boeken over hobby's en voor studie, maar ook over de geschiedenis van de stad of streek waarin je woont.

Kranten en tijdschriften. Naast de landelijke dagbladen ook streekbladen en buitenlandse kranten. Bovendien opiniebladen, familie- en modebladen en hobbytijdschriften. Iedereen mag deze bladen inkijken, gebonden jaargangen kunnen soms worden geleend.

Een bibliotheek is de *vraagbaak* bij uitstek. Een vraag? Naslagwerken als encyclopedieën, woordenboeken, atlassen, wetboeken, plattegronden enzovoorts, geven het antwoord. Ze zijn vrij te raadplegen. Ook heeft de openbare bibliotheek informatie over allerlei lokale aangelegenheden, zoals uitgaansmogelijkheden, gemeenteraadsbesluiten, cursussen en het adres van bijvoorbeeld de plaatselijke sociale raadsman of -vrouw.

Ben je bezig met een scriptie of wil je zomaar wat weten over een actueel probleem? De bibliotheek verzamelt knipsels uit kranten en tijdschriften over maatschappelijke en politieke onderwerpen, maar ook over schrijvers en boeken. In de meeste bibliotheken staat een fotokopieerapparaat; tegen een kleine vergoeding kunnen van de knipsels kopieën worden gemaakt. Soms worden de documentatiemappen uitgeleend. In de openbare bibliotheek staat een speciaal rek met allerlei folders en brochures, bijvoorbeeld de van de televisie bekende Postbus 51-folders. Je kunt ze gewoon meenemen.

Naar: *Folder NBLC en WUC*, augustus 1986. Foto: Bob Goedewaagen

het aanbod
aankondigen
de aanleg
het alarm
de allochtoon
de ambulance
de arbeidsmarkt
de autogordel
de autotelefoon
de banenkrant
bedragen
bekendmaken
de bemiddeling
betreffen
de beurs
de bibliotheek
blij
de blikschade
boekhouden
buitenlands
daarheen
doorgeven
doorrijden
de doos
drukken
fout
het gebied
— op het gebied van
het geduld
het gezag
haastig
handelen
handhaven
huilen
de inbraak
de informatica
de instelling
de koerier
de koeriersdienst
de kracht
krachtig
het krat
kritisch
de kwestie
laatst (bw)
het levensbelang
het noodgeval
onthouden
de ontvangst
de opleiding
opzoeken
overhouden
parkeren
de pet
de poes
de poging
het project
raar
de raket
remmen
rennen
de samenleving
scheuren
de scholing
slim
het sollicitatiegesprek
de spiegel
de stoep
de straatdienst
supersnel
de taak
de techniek
tekenen
tellen
tevens
toelaten
de traan
— in tranen
uitgeven
het uniform
de vacaturelijn
de vakopleiding
veilig
verloren
verplichten
vervoeren
vervolgens
vervullen
vierdejaars
de voetganger
voortdurend
de wagen
de wegpiraat
de werkloosheid
wettelijk

23 Gewoon voor de gezelligheid

A

1 Prinsjesdag

Fragment 1

Twaalf uur. Radionieuwsdienst ANP. Over ongeveer een kwartier zal koningin Beatrix in de Ridderzaal in Den Haag de troonrede voorlezen, waarin het beleid van de regering voor het komende jaar wordt vermeld. Dat gebeurt tijdens een verenigde vergadering van de Eerste en Tweede Kamer (de Staten-Generaal).

Fragment 2

Het paard Vladimir is, zou ik zeggen bijna in zicht … Wat is het paard Vladimir? Dat is het paard dat vóór de Gouden Koets loopt. De koets waarmee de koningin elk jaar op de derde dinsdag in september van paleis Noordeinde naar het Binnenhof rijdt.

En als ik nog even door mag gaan ..., het ziet er hier prachtig uit. De meeste bloemen in de Ridderzaal zijn dit jaar geel, maar bij de troon is alles in witte rozen uitgevoerd. En zoals altijd is men hier weer netjes aangekleed. Voor de heren het nette pak en voor de dames de nette japon of pantalon. Zo dadelijk zal de koets hier de hoek om komen, maar nog steeds zie ik niks. De Gouden Koets is nu wel bijna in zicht, maar ik kan nog even doorgaan. De koninklijke familie, dat is koningin Beatrix, prins Claus, de Prins van Oranje en zijn broers, de prinsen Johan Friso en Constantijn, en bovendien prinses Margriet en de heer Van Vollenhoven.
En daar komt de Gouden Koets al. Het Wilhelmus nu ...

Fragment 3
Leden van de Staten-Generaal,
... Ook de internationale ontwikkelingen die aanleiding geven tot hoop en tot vrees zullen belangrijke beslissingen van u blijven vragen. Van harte wens ik u toe dat Gods zegen op uw werk rust.

Lang leve de Koningin! Hoera! Hoera! Hoera!

Fragment 4

We gaan nu over naar onze verslaggever op het Binnenhof.

Verslaggever Op een wat koud Binnenhof sta ik achter een verlaten Koets, terwijl de koningin de troonrede voorleest. Ondanks de kou is er veel publiek.

Goedemiddag.

Meneer Dag mevrouw.

Verslaggever Waar komt u vandaan?

Meneer Uit Den Haag.

Verslaggever Dus u hoefde niet ver te reizen?

Meneer Nee, nee, een klein stukje maar.

Verslaggever Moeilijk geweest om hier te komen?

Meneer Nee, ging wel, dat ging wel.

Verslaggever Waarvoor komt u hier nou? Voor de troonrede, voor het beleid van de regering of eh ... om gewoon deze gouden kermis te zien?

Meneer Nou eigenlijk om te horen waar het geld blijft.

Verslaggever Om te horen wat ...?

Meneer ... waar het geld blijft.

Verslaggever Jaja. Wordt u eh ... wat wijzer uit de troonrede?

Meneer Enigszins wel ja. Enigszins wel ja.

Naar: NOS-radio, 18 september 1990.

Er + *telwoord*

***Er* kan een zelfstandig naamwoord vervangen, als het zelfstandig naamwoord in combinatie met een telwoord voorkomt.**

— Hoeveel kinderen hebben John en Mary?
— Ze hebben *er vijf* (= ze hebben vijf kinderen).

— Heb jij al een computer?
— Nee, ik heb *er* nog *geen* (= ik heb nog geen computer)

— Waren er veel mensen?
— Ja, er waren *er* heel *veel* (= er waren heel veel mensen)

B 2 Clubs en verenigingen

Kent u die typisch Nederlandse eigenschap: het oprichten van clubs, verenigingen en stichtingen? Clubs voor bejaarden, verenigingen voor jongeren, actiegroepen en ga zo maar door, vormen een niet meer weg te denken element uit het maatschappelijk leven van de Nederlander. Bijna iedere Nederlander is wel bij een club of vereniging. De een zingt in een koor, de ander zwemt en weer een ander doet aan astrologie. Waartoe dienen al die clubs eigenlijk? Veel mensen worden lid van een vereniging om mensen te ontmoeten, gewoon voor de gezelligheid. Maar er zijn er ook die zich aansluiten bij een club met een gemeenschappelijk doel: een schoner milieu, gelijke rechten voor de vrouw, meer vrijheden op seksueel gebied of een betere behandeling van asielzoekers.

In iedere stad en in ieder dorp kun je kiezen uit een groot aantal clubs en verenigingen. Soms zijn er van hetzelfde soort club ook nog twee of drie: een katholieke, een protestants-christelijke en een socialistische. Dat is het resultaat van de verzuiling van Nederland. Die zien we niet alleen bij verenigingen, maar ook in de politiek (CDA, VVD, PVDA, enzovoort), bij de vakbonden (CNV en FNV), in het onderwijs (katholieke, protestants-christelijke en openbare scholen), bij radio en tv (KRO, VARA, VPRO, enzovoort) en in de pers: de Volkskrant bijvoorbeeld is opgericht als een katholieke krant, Trouw heeft een protestants-christelijk karakter en Het Parool is socialistisch. Oorspronkelijk was de bedoeling van al die zuilen om religieuze of politieke ideeën uit te dragen op allerlei gebieden. Tegenwoordig zijn de verschillen echter niet altijd meer zo duidelijk.

Jos Collignon

23 *Doel uitdrukken*

waartoe	Nederland kent veel clubs en verenigingen. Waartoe dienen al die clubs eigenlijk?
waarvoor	— Waarvoor komt u hier nou? Voor de troonrede, voor het beleid van de regering of voor de koningin?
om ... te	— Om te horen waar het geld blijft.
voor	Veel mensen worden lid van een vereniging om mensen te ontmoeten, gewoon voor de gezelligheid.
de bedoeling is	Oorspronkelijk was de bedoeling van al die zuilen om religieuze of politieke ideeën uit te dragen op allerlei gebieden.

C o-o 3 Politiek in de gemeente

Catja Bekendal is wethouder in Eedorp voor de Partij van de Arbeid. We praten met haar over haar werk als wethouder.

Interviewer Catja, hoe lang ben je al wethouder?

Catja Bekendal Ruim een half jaar nu. Daarvoor was ik lid van de gemeenteraad.

Interviewer Hoe komt het dat jouw partij nu 'regeert'?

Catja Bekendal Je bedoelt hoe mijn partij in het college komt, want regeren is het natuurlijk niet. Dat doet het kabinet in Den Haag. Bij de gemeente heet dat besturen en dat wordt gedaan door de wethouders en de burgemeester; die vormen samen het college. Welke partij in het college komt, bepalen de kiezers natuurlijk. Bij de laatste verkiezingen behaalde Dorpsbelang de overwinning. Die gaat dan onderhandelen met de andere partijen en is vrij om te kiezen met wie ze wil gaan samenwerken. De partijen die een college vormen, moeten wel op een meerderheid in de gemeenteraad steunen. Het resultaat van de onderhandelingen was dat Dorpsbelang met de PVDA en D66 is gaan samenwerken.

Interviewer Ik neem aan dat de burgemeester bij zulke onderhandelingen ook een belangrijke rol speelt.

Catja Bekendal Nee, juist niet. De burgemeester wordt immers

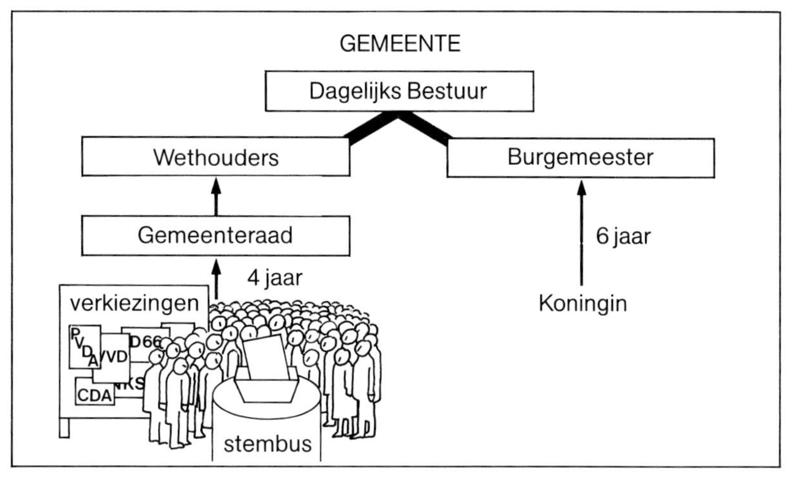

niet gekozen door de bevolking, maar benoemd door de koningin.

Interviewer Wat zijn nou de taken van een wethouder?

Catja Bekendal Een wethouder bereidt samen met ambtenaren voorstellen voor. Die worden besproken in het college. Als de meerderheid van het college het met de voorstellen eens is, gaan de voorstellen naar een commissie. Daarna beslist de raad erover.
Verder ben ik verantwoordelijk voor de uitvoering van de plannen. Ik zal een voorbeeld geven. We hebben in Eedorp plaats voor vijftien asielzoekers, verdeeld over drie huizen. Dat aantal willen we uitbreiden tot twintig. De voorstellen daarover zijn positief ontvangen en zullen waarschijnlijk worden aangenomen.

Interviewer Twintig. Is dat niet erg weinig?

Catja Bekendal Nou, Eedorp is een kleine gemeente (rond de 10 000 inwoners). 'Den Haag' wil 15 asielzoekers op 7500 inwoners, dus dat getal van 20 klopt aardig.

Interviewer Zijn er verder nog belangrijke zaken die op dit moment spelen?

Catja Bekendal Ja, de woningbouw.

Interviewer Is er gebrek aan woningen in Eedorp?

Catja Bekendal Nee, niet echt. Maar de huizen kunnen wel beter verdeeld worden. Op het ogenblik krijgen mensen van achttien jaar die samenwonen heel makkelijk een huis, terwijl alleenstaanden soms lang moeten wachten.

Interviewer Goed, nu iets heel anders: er zijn maar twee wethouders in Eedorp. Betekent dat niet dat je vaak moet 'optreden': bij de opening van een zwembad of zo?

Catja Bekendal Nee, dat valt erg mee. Onze burgemeester vindt dat leuk, dus die doet dat meestal.

Interviewer Nog een laatste vraag: Wat vind je het leuke van dit werk?

Catja Bekendal Nou, in de eerste plaats dat je een vinger in de pap hebt. Je kunt proberen iets te bereiken waar andere mensen iets aan hebben. Nou en verder de contacten met al die verschillende groepen: mensen die je bij de bakker aanspreken of op het spreekuur komen, collega's, burgemeesters van andere plaatsen, enfin, je begrijpt …

Interviewer Nou, bedankt voor dit interview.

Catja Bekendal Graag gedaan.

Iemand corrigeren

U/Je bedoelt
— Hoe komt het dat jouw partij nu 'regeert'?
— Je bedoelt hoe mijn partij in het college komt, want regeren is het natuurlijk niet. Dat doet het kabinet in Den Haag.

U vergist zich/ Je vergist je
— Aadorp is toch groter dan Eedorp?
— Nee hoor, u vergist zich, Aadorp is juist heel klein.

D 4 Ruzie tussen vakbonden

Van onze verslaggever

AMSTERDAM — De FNV[1] en het CNV[2] hebben ruzie over de lonen van de arbeiders in de papierfabrieken.
Ieder jaar worden er afspraken gemaakt door de vakbonden en de werkgevers over de lonen van de werknemers. Die afspraken vormen samen een CAO[3]. Over enkele weken beginnen de onderhandelingen tussen de werkgevers en de vakbonden over de CAO voor de werknemers in de papierfabrieken.
Er is nu een conflict ontstaan tussen de verschillende vakbonden. Het conflict gaat over de eisen die de vakbonden aan de werkgevers moeten stellen wat betreft de lonen voor het komende jaar. Het CNV wil dat de lonen ongeveer vijf procent verhoogd worden, vanwege een achterstand die de werknemers in de papierfabrieken hebben. In 1989 en 1990 zijn de lonen in die tak van de industrie namelijk minder verhoogd dan de gemiddelde zes procent die anderen hebben gehad. Daardoor is die achterstand ontstaan. De FNV wil liever afspraken maken omtrent werkgelegenheid, zoals vier dagen werken. Dus minder werken in plaats van hogere lonen, zodat er meer banen vrij komen. De FNV heeft nog geen precieze eis vastgesteld, maar waarschijnlijk wordt het tussen de 2,5 en 3,5 procent. Het CNV is kleiner dan de FNV en speelt niet zo'n belangrijke rol bij het overleg over de CAO. De FNV vindt de 5-procentseis gevaarlijk, daar die slecht is voor de werkgelegenheid. Door de lonen met vijf procent te verhogen is er immers geen geld meer over voor nieuwe banen voor jongeren en voor scholing. Doch het CNV blijft bij de 5-procentseis. 'Onze leden willen liever meer geld dan minder werken. In de huidige CAO staat dat er 36 uur per week gewerkt wordt in plaats van 40. Dat is vorig jaar bij de onderhandelingen beslist. Maar die 36 uur is nog niet eens bij alle bedrijven gerealiseerd, aldus het CNV. Voorlopig is het conflict dan ook niet opgelost.

[1] FNV = Federatie van Nederlandse Vakverenigingen
[2] CNV = Christelijk Nationaal Vakverbond
[3] CAO = Collectieve Arbeidsovereenkomst

Naar: *de Volkskrant*, 12 september 1990.

Maandag 5 februari 1990

LANDELIJKE PROTESTMANIFESTATIE

De Dam in Amsterdam
Aanvang 13.00 uur

23 *Een oorzaak noemen*

door	Door de lonen met vijf procent te verhogen, is er immers geen geld meer over voor nieuwe banen voor jongeren en voor scholing.
daar	De FNV vindt de 5-procentseis gevaarlijk, daar die slecht is voor de werkgelegenheid.
vanwege	Het CNV wil dat de lonen ongeveer vijf procent verhoogd worden, vanwege een achterstand die de werknemers in de papierfabrieken hebben.
wegens	Ons bedrijf is wegens vakantie gesloten van 13 juli tot 1 augustus.
daardoor	In 1989 en 1990 zijn de lonen in die tak van industrie namelijk minder verhoogd ... Daardoor is die achterstand ontstaan.

E 5 Holland exporteert kookboek van boerinnenbond

Iedere economiestudent krijgt ingelepeld hoe zwak een land is dat steunt op primaire of halffabrikaten in plaats van op high-tech industriële produkten. Maar spitstechnologie komt helemaal niet voor in de Top-20 van de sterkste sectoren in Nederland: snijbloemen, eieren, varkens, bloembollen, room, cacaopoeder en verse tomaten zijn de sterkste exportprodukten. 'De lijst van Nederlands sterkste sectoren laat zich lezen als een kookboek van de boerinnenbond', aldus **Foodpress**, nieuwsblad voor de levensmiddelenhandel.
Het blad stelt echter dat de Nederlandse export daardoor niet zwak is. 'Nederland is zich veeleer bewust van zijn natuurlijke sterktes, overeenkomstig 's lands karakteristieken. Specialisatie kan zelfs in doodgewone aardappels: dat is een kwestie van professionele aanpak en marketing.'
In België zijn de sterkste sectoren: tapijt, diamant, textiel en auto-assemblage. Ook de metaalbewerking scoort met zes plaatsen binnen de Top-20. De enige belangrijke voedselprodukten komen op plaats 15: margarines en spijsvetten. Maar Nederland doet daardoor als exportland niet onder voor België. 'De een is wereldleider in bloembollen; de ander in biljartballen', luidt de conclusie.

6 Aardappeleters opgelet!

ADVERTENTIE

AARDAPPELETERS OPGELET! KOOP EENS EEN <u>AARDIGE</u> AARDAPPEL

SLECHT voor het milieu zijn: Bintje, Eigenheimer, Bildstar en Marijke.

BETER zijn: de meeste andere aardappelrassen.

HET BEST voor het milieu zijn: aardappels van ecologische en biologisch-dynamische teelt (met een keurmerk: Skal, Eko-merk, Demeter, Biodyn).

Er zijn „aardige aardappels" en „gifpiepers". Het verschil zit 'm in de hoeveelheid gif die gebruikt wordt bij de teelt. Aardappelsoorten als Bintje, Eigenheimer, Bildstar en Marijke vergen veel bestrijdingsmiddelen. Dit komt in het milieu terecht, en bedreigt ons drinkwater. (Voor alle duidelijkheid: het gif zit niet in de aardappels zelf).

Gelukkig hoeft u aardappels dus niet van uw menu te schrappen, want het zijn niet allemaal gifpiepers (zie lijst links). En „aardige aardappels" zijn vaak gewoon te koop in supermarkten en groentewinkels.

Koop daarom voortaan alleen „aardige aardappels". Er ligt een gratis informatiepakket voor u klaar. Met onderstaande bon kunt u het pakket bestellen

O **stuur mij het gratis aardappel info-pakket.**

Naam: ....

Adres: ....

Postcode/plaats: ....

Stuur de advertentie o.v.v. „Aardappelactie" in een open enveloppe naar: Milieudefensie, Postbus 19199, 1000 GD in Amsterdam.

Dit is een actie van: Consumentenbond, Konsumenten Kontakt, Nederlandse Vereniging Van Huisvrouwen, Stichting Natuur en Milieu, Vereniging Milieudefensie, Alternatieve Konsumenten Bond en Aktie Strohalm.

F

aankleden
de aanleiding
aansluiten
de achterstand
afgelopen
de alleenstaande
de arbeider
de asielzoeker
de bakker
de bedoeling
behalen
de behandeling
het beleid
benoemen
besturen
de bevolking
de burgemeester
het college
de commissie
dadelijk
dienen
de eis
— de 5-procentseis
het element
enigszins
het gebrek (aan)
de gemeenteraad
het getal
de gezelligheid
de god
heet
de hoop
huidig
de industrie
het kabinet
katholiek
de kermis
de kiezer
de koets
koninklijk
het koor
de kou
het loon
maatschappelijk
nationaal
net
netjes
omkomen
onderhandelen
de onderhandeling
ontvangen
oorspronkelijk
de opening
oplossen
oprichten
het overleg
de overwinning
het paard
het pak
het paleis
de pap
— een vinger in de pap hebben
positief
de prins
de prinses
de prinsjesdag
protestants
het publiek
regeren
religieus
de rol
de roos
rusten
seksueel
socialistisch
steunen
de tak
toewensen
de troon
de troonrede
typisch
uitbreiden
uitdragen
uitvoeren
de uitvoering
verhogen
vermelden
het verschil
de verzuiling
de vinger
— een vinger in de pap hebben
voorbereiden
voorlezen
voorlopig
het voorstel
de vrees
waarmee
waartoe
waarvoor
wegdenken
de werkgelegenheid
de werknemer
de wethouder
wijs
de woningbouw
de zegen
het zicht
zingen
de zuil
het zwembad

24 Files op de volgende wegen ...

A 1 En dan volgt nu de verkeersinformatie

'En dan volgt nu de verkeersinformatie.' Direct na het nieuws op de radio komt de verkeersinformatie, die meestal begint met 'Er zijn files op de volgende wegen ...'. Het verkeer wordt steeds drukker. Het komt dan ook zelden voor dat er geen verkeersinformatie is. De ANWB[1] is een van de instanties die informatie over het verkeer verzamelt. Renée ten Pas werkt bij de ANWB en met haar hebben we een gesprek.

Interviewer Mevrouw ten Pas, u verzamelt verkeersinformatie. Mag ik u vragen, hoe komt u aan die informatie?

Renée ten Pas Nou, de meeste informatie krijgen we van onze eigen medewerkers, de wegenwachten. Als u onderweg pech met uw auto krijgt, kunt u de Wegenwacht bellen en er komt dan een van onze medewerkers langs om u te helpen. Door al die wegenwachten die dag en nacht op de weg zitten, horen wij meteen waar ergens een file staat. Ook vermelden die of er met het weer iets aan de hand is of dat er iets anders is waar het verkeer last van kan hebben.

Interviewer Krijgt u die informatie alleen van de Wegenwacht of ook nog op andere manieren?

Renée ten Pas — Inderdaad komt hier ook heel veel informatie binnen via andere kanalen, want wij zijn niet de enigen die zich voor de toestand op de weg interesseren. Denkt u maar eens aan de politie, het KNMI[2], de Nederlandse Spoorwegen of het Ministerie van Defensie.

Interviewer — Het Ministerie van Defensie? Wat heeft dat met verkeersinformatie te maken?

Renée ten Pas — O, heel eenvoudig, ook 's nachts gaat de verkeersinformatie door. Maar er zijn dan natuurlijk maar weinig mensen wakker om telkens te gaan kijken of het niet toevallig een beetje is gaan sneeuwen, of dat er plotseling mist komt. In de kazernes zijn altijd mensen op de been. En als er iets over het weer te melden is, dan geven ze dat door aan de ANWB.

Interviewer — En wat gebeurt er dan met die informatie?

Renée ten Pas — De belangrijke informatie die hier binnenkomt, of laat ik zeggen de informatie waarvan wij denken: dat is voor de mensen op de weg belangrijk dat ze dat weten, spreken we in op een bandje en iedereen kan dat bandje bellen.

Interviewer — En geeft u die informatie ook aan de radio door?

Renée ten Pas — Ja, dat doen we ook en dat zijn dan de berichten die je na het nieuws op de radio hoort. Maar natuurlijk is lang niet iedereen die de weg op moet in de gelegenheid om precies op tijd naar de radio te luisteren. En daarvoor maken we dan dat bandje.

Interviewer — Wordt er nou veel gebruik gemaakt van de informatie die u geeft?

Renée ten Pas — Nou en of. Denkt u maar eens aan de mensen die veel voor hun werk op de weg zitten. Die hebben erg veel belang bij berichten over problemen die ze onderweg kunnen verwachten. En vergeet ook de anderen niet. Want ook wanneer je alleen maar lekker een dagje uit gaat, is het prettig om te weten of je onderweg opeens door een dichte mist moet rijden. Of misschien staat er wel ergens een enorme file. Als je dat op de radio of via ons bandje hebt gehoord, dan denk je voordat je weggaat: laat ik maar ergens anders langs gaan.

[1] ANWB = Algemene Nederlandse Wielrijdersbond
[2] KNMI = Koninklijk Nederlands Meteorologisch Instituut

Naar: *Stivon Stukken*, nummer 3, 1989.

24 *Iemand aan iets herinneren*

Denkt u/Denk aan ...	— Wordt er veel gebruik gemaakt van de informatie die u geeft? — Nou en of. Denkt u maar eens aan de mensen die veel voor hun werk op de weg zitten.
Vergeet (u) niet ...	En vergeet ook de anderen niet.

B 2 Fietsen

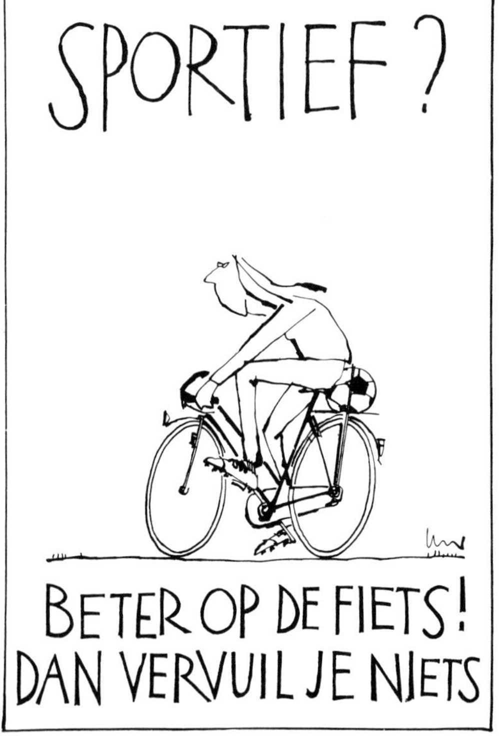

Fietsen is in Nederland populairder dan ooit tevoren. Toen tien jaar geleden werd vastgesteld hoeveel de Nederlanders per jaar fietsen, kwam men uit op 9,1 miljard kilometer; nu is dat zelfs 11,6 miljard. Er zijn in Nederland circa 14 miljoen fietsen. Op straat rijden er zo'n 13,5 miljoen, terwijl er nog eens een half miljoen als oud ijzer in schuurtjes staan of op de bodem van een kanaal liggen.
Het is niet zo eigenaardig dat fietsen in Nederland populair is. Nederland is lekker vlak, je hoeft nooit tegen een berg op te fietsen en je kunt overal komen met je fiets.

Sinds de zorg voor het milieu is toegenomen, is fietsen alleen maar populairder geworden. We zien allemaal dat het zo niet langer door kan gaan en we passen ons gedrag aan. We doen flessen en oude kranten in aparte bakken en we gooien plastic tasjes niet meteen weg. We laten de auto wat vaker in de garage en keren terug naar de fiets. Als we naar de cijfers kijken, dan spreken die voor zich: vorig jaar werden er ruim een miljoen nieuwe fietsen en 900 000 gebruikte fietsen verkocht.

Eén probleem zal wel niet verdwijnen zolang er gefietst wordt: er worden in Nederland veel fietsen gestolen. Bewoners van grote steden rijden daarom dikwijls op een oude fiets. Alleen diegenen die heel erg geloven in het goede van de mens, proberen het nog een keer met een nieuwe fiets in de stad nadat de eerste is gestolen. De meerderheid van de fietsers in de stad rijdt naar school of werk op een tweedehands fiets. Vaak staat er dan thuis in de schuur wel een racefiets. Zodra het weekend of de vakantie begint, pakken ze die en trekken erop uit.

Sinds enige jaren is het ook erg populair om met de fiets op vakantie te gaan. Veel mensen hebben geen zin meer in een verblijf aan een Spaans strand, maar kiezen voor een actieve vakantie elders. De fiets ligt dan voor de hand. Op de fiets kun je alle kanten uit en je kunt elke minuut het doel van je reis veranderen. Je komt in plaatsen waar je anders nooit gekomen zou zijn, je ziet veel en je beweegt de hele dag.

Je kunt natuurlijk op reis gaan met het idee 'ik zie wel waar ik uitkom'. Maar je kunt ook een beschreven route volgen. Die vind je binnen Nederland, maar het is ook mogelijk om van Den Helder naar het noorden van Frankrijk te fietsen. Wie voor het eerst aan een vakantie op de fiets begint, moet misschien denken aan een georganiseerde tocht. Je hoeft dan niet zelf je eigen bagage te vervoeren en als je een lekke band krijgt, word je geholpen. En wanneer je na een lange tocht 's avonds op het punt van bestemming aankomt, staat het eten vaak al voor je klaar.

Naar: *Stivon Stukken*, nummer 15, 1990.

3 Cijfers

Vervoermiddelen in Nederland

personenauto's	5 500 000
vrachtwagens	500 000
ambulances, brandweerwagens	26 000
bussen	12 000
caravans	20 000
fietsen	14 000 000
bromfietsen	515 000
motoren	145 000

24 *Terwijl, zolang, zodra, sinds*

***Terwijl, zolang, zodra* en *sinds* zijn voegwoorden van tijd.**

Terwijl = op hetzelfde moment dat/in dezelfde periode dat; terwijl wordt vaak gebruikt bij het aangeven van een tegenstelling.
Terwijl hij naar Den Helder fietste, begon het te regenen.
Op straat rijden er zo'n 13,5 miljoen, *terwijl* er nog eens een half miljoen als oud ijzer in schuurtjes staan of op de bodem van een kanaal liggen.

Zolang = voor/in de tijd dat
Eén probleem zal wel niet verdwijnen *zolang* er gefietst wordt: er worden in Nederland veel fietsen gestolen.

Zodra = meteen op het moment dat
Zodra het weekend of de vakantie begint, pakken ze de fiets en trekken erop uit.

Sinds = vanaf het moment dat
Sinds de zorg voor het milieu is toegenomen, is fietsen alleen maar populairder geworden.

C 4 Ambulancedienst Hoek van Holland

Jammer genoeg gaat niet altijd alles voor de wind. Er kunnen ongelukken gebeuren, ook als je op vakantie bent. Gelukkig zijn er ambulances. Die kunnen snel ter plaatse zijn om de eerste hulp te verlenen of een patiënt in hoog tempo naar het ziekenhuis brengen. Meneer Quak is chauffeur op een ambulance in Hoek van Holland. Dat is een plaats waar veel toeristen komen. Het ligt aan zee en bij mooi weer zijn er altijd veel mensen aan het strand. Bovendien is het de plaats waar de boot uit Engeland aankomt. Wij hadden een gesprek met meneer Quak over zijn werk.

Interviewer — Meneer Quak, u bent chauffeur op een ambulance, nietwaar? Kunt u zeggen wat precies uw taak is als er een ongeluk is gebeurd?

Herman Quak — Tja, als er ergens wat gebeurd is, dan komt hier op het kantoor het bericht van het ongeluk binnen. Ik ren dan met de zuster of de broeder, het is maar net met wie ik op dat moment dienst heb, ren ik naar de ambulance, we springen in de auto en we rijden naar de plaats van het ongeluk.

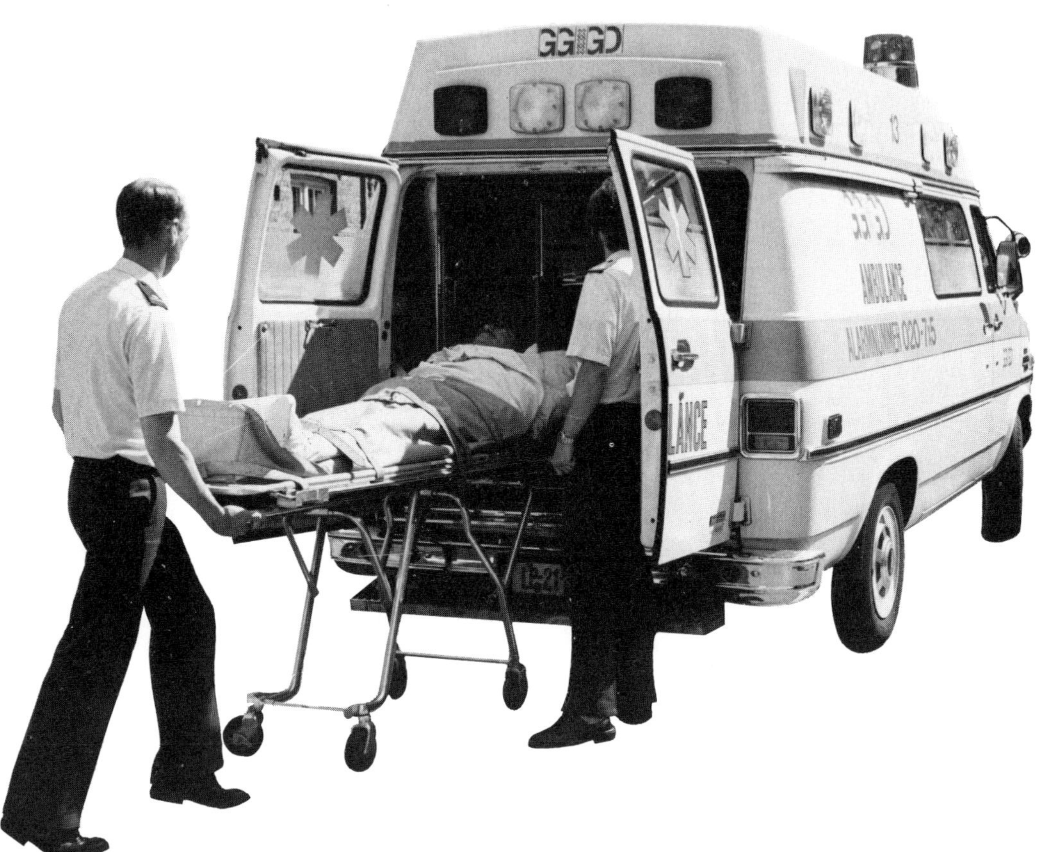

Interviewer Ja, en dan?

Herman Quak En dan? Nou, dan kijken we wat er aan de hand is. Meestal hebben we onderweg in de auto al zo'n beetje gehoord wat er gebeurd is, hoeveel slachtoffers er zijn, hoe erg het is, en of we medische hulp kunnen verlenen.

Interviewer Ja, want u bent natuurlijk geen dokter, hè?

Herman Quak Nee, nee, het enige wat wij doen is proberen eerste hulp te verlenen, maar meestal gaat het zo snel mogelijk richting ziekenhuis. Daar wordt dan voor de verdere behandeling gezorgd.

Interviewer Hoe vaak komt er nu een bericht binnen? Ja, want we zitten hier nu al een tijdje, maar het is vandaag geloof ik erg rustig, hè? Dat is toch niet altijd zo, neem ik aan?

Herman Quak Nee, nee, nee, jammer genoeg niet. De ene week heb je natuurlijk meer te doen dan de andere, maar gemiddeld moeten wij per jaar zo'n 500 keer uitgaan. 's Zomers zijn er soms dagen dat je een keer of vier, vijf wordt opgeroepen.

Interviewer — Er gebeuren zeker veel ongelukken aan het strand?

Herman Quak — Ja, mensen gaan wel eens te ver de zee in en dreigen dan te verdrinken. Wij halen ze dan uit het water. En als het niet te ver is en de golven zijn niet te hoog, zwemmen we ernaartoe. Anders halen we ze met een bootje op.

Interviewer — Is het waar dat u door de veerdienst op Engeland veel extra werk hebt?

Herman Quak — Nogal, ja. Doordat de boot uit Engeland hier aankomt, moeten we regelmatig richting haven. Vorige week nog hadden we een oude man, die het aan zijn hart had. Of iemand is in zijn hut uit bed gevallen en heeft bijvoorbeeld een arm gebroken. En er wordt ook wel eens zo hard gevochten aan boord, dat mensen gewond raken. Wij beleven hier echt van alles!

Naar: *Stivon Stukken*, nummer 15, 1990.

Informeren of iets waar is

..., hè?	Ja, want u bent natuurlijk geen dokter, hè? Maar het is vandaag geloof ik erg rustig, hè?
..., nietwaar?	Meneer Quak, u bent chauffeur op een ambulance, nietwaar?
Is het waar dat ...?	En is het waar dat u door de veerdienst op Engeland veel extra werk hebt?
zeker	Er gebeuren zeker veel ongelukken aan het strand?

D 5 De wet van Brever

In de jaren twintig gaat opa uit Groningen op de fiets naar zijn familie in Assen. Hij trekt er zijn hele vrije zondag voor uit en heeft dan zestig kilometer gefietst, dertig heen en dertig terug. Zoiets doe je maar twee keer per jaar. Logisch.
Zijn zoon koopt in de vroege jaren zestig een Volkswagen. Hij gaat ermee op bezoek bij de familie in Assen. Met vrouw en kinderen rijdt hij op zijn vrije zaterdag in een klein halfuurtje naar Assen. Vanwege het gemak en de snelheid gaat hij op deze manier elke maand van Groningen naar Assen.

In 1990 beschikt kleindochter over een groot aantal vervoermiddelen. Ze kan de auto van pa lenen, ze kan met de trein gaan en ze kan haar racefiets pakken. Maar ze reist niet alleen maar naar haar familie, ze gaat ook: uit in de stad, naar het strand, een dagje naar Amsterdam, een weekend naar Parijs, en ga zo maar door.

Iedere mens besteedt een bepaalde hoeveelheid tijd aan reizen. De tijd die opa, zoon en kleindochter aan reizen besteden, is ongeveer gelijk. Wat betreft de hoeveelheid kilometers die ze in die tijd afleggen, verschillen ze wel. In dezelfde tijd waarin opa van Groningen naar Assen is gefietst, is zijn kleindochter van Amsterdam naar Milaan gevlogen. Een vliegtuig gaat nu eenmaal sneller dan een auto en een auto harder dan een fiets. Anders gezegd: de tijd die aan reizen wordt besteed, blijft hetzelfde, maar de mobiliteit neemt toe. En dat is een trend die zich nog steeds voortzet.

Uit: *Milieudefensie*, juni 1990.

Werkwoorden van vervoer

Werkwoorden van vervoer (fietsen, lopen, reizen, varen, vliegen, wandelen, enzovoort) hebben twee soorten hulpwerkwoorden van tijd: hebben of zijn.

1 zonder richting: hebben

Ik *heb* gisteren twee uur *gelopen.*
Ze *hebben* nog nooit *gevlogen.*
Hij trekt er zijn hele vrije zondag voor uit en *heeft* dan zestig kilometer *gefietst*, dertig heen en dertig terug.

2 met richting: zijn

Ik *ben* van het station naar de markt *gelopen.*
Ze *zijn* naar Amsterdam *gevlogen.*
In dezelfde tijd waarin opa van Groningen naar Assen *is gefietst*, *is* zijn kleindochter van Amsterdam naar Milaan *gevlogen.*

Toen de toeristen kwamen ...

Toen de toeristen kwamen,
veranderden onze eilandbewoners
tot een grotesk vermaak,
een show van twee weken.

Toen de toeristen kwamen,
legden onze mannen hun netten neer
om kelner te worden,
onze vrouwen werden hoeren.

Toen de toeristen kwamen,
verdwenen de laatste resten
van onze kultuur.
We verpatsten onze gebruiken
voor zonnebrillen en popcorn.
We maakten een peep-show
van onze heilige ceremoniën.

Toen de toeristen kwamen,
bleven de honger en het vuil
bewaard als een schouwspel
voor passerende kamera's:
een chique vuiltje-in-het-oog.

Toen de toeristen kwamen,
werd ons gevraagd om
trottoir-ambassadeur te zijn,
altijd te glimachen en
beleefd te blijven,
de 'verdwaalde' toerist
altijd de weg te wijzen.

Wat een hel.
Als we ze maar eens konden vertellen
waar we ze echt heen wilden hebben!

Cecil Rajendra

Uit: Ron O'Grady, *Retourtje derde wereld*. Uitgave BijEEN, 's-Hertogenbosch.

7 Unieke kampeervakantie in de Spaanse Pyreneeën

ADVERTENTIE

Unieke kampeervakantie in de Spaanse Pyreneeën

Op ons landgoed, gelegen in de uitlopers van de Spaanse Pyreneeën (tussen het Meer van Bañolas en Olot), vindt u géén modern hotel of verwarmd zwembad. Wél bieden wij een aantal ingerichte bungalowtenten, buiten gezichtsafstand van overige gasten geplaatst temidden van de bossen en de bergen van het 250 ha grote landgoed Manso Coguleras.

In de ongerepte natuur, bij het stromende water van de eigen beek, omgeven door bloemen, kruiden, vlinders en vogels, kunt u hier helemaal uzelf zijn, zonder taalproblemen.

Een eigen zwemvijver hoog in de bergen en de mogelijkheid om te blijven eten als u dat wilt, maken een verblijf verder tot een unieke belevenis.

Voor *f* 420,– per bungalowtent (4 personen) per week bent u onze gast. Beperkte mogelijkheden voor eigen tent; *f* 210,– per week.

Schrijf voor inlichtingen naar Els Bakker-Weverink, Rembrandtlaan 2, 3941 CH Doorn of bel haar 03430-13778.

MANSO COGULERAS

Uit: *Milieudefensie*, april 1989.

F

aanpassen
de ambulancedienst
de bagage
de bak
de band
het belang
– belang hebben bij
beleven
de berg
het bericht
beschikken (over)
bewegen
de bewoner
het boord
de boot
de brandweerwagen
de broeder
de bromfiets
de caravan
de chauffeur
circa
de defensie
dikwijls
eigenaardig
elders
ernaartoe
fietsen
de fietser
de file
de garage
het gedrag
gewond
de golf
het halfuur
de haven
de hoeveelheid
de hut
het ijzer
inspreken
de instantie
de kazerne
de kleindochter
lang (bw)
lek
lenen
logisch
medisch
melden
de mobiliteit
de motor
nogal
ooit
opeens
ophalen
de pa
de pech
de personenauto
plotseling
populair
de racefiets
de route
de schuur
de snelheid
stelen
het strand
de tas
telkens
het tempo
terugkeren
tevoren
de toerist
de toestand
trekken
de trend
uittrekken (voor)
de veerdienst
het verblijf
verdrinken
het verkeer
de verkeersinformatie
verlenen
het vervoermiddel
verwachten
verzamelen
vliegen
het vliegtuig
voortzetten
de vrachtwagen
wakker
de wegenwacht
weggaan
weggooien
de zee
zelden

25 Mag dat niet?

A I Twee paspoorten?

Hier volgt een gesprek met Mehmet Ozkan, een jonge Turk die in Nederland geboren is (de zogenaamde tweede generatie migranten). Hij wil ingenieur worden.

Interviewer Zeg Mehmet, waarom heb je eigenlijk de Nederlandse nationaliteit aangevraagd?

Mehmet Ozkan Dat heb ik gedaan omdat ik heel graag alle rechten wilde hebben die Nederlanders ook hebben.

Interviewer Geef eens een voorbeeld.

Mehmet Ozkan Nou, ik kon een jaar in Amerika gaan studeren. Dat was voor leerlingen met hele goede cijfers op het atheneum. De Nederlandse regering moest mij dan sturen als vertegenwoordiger van Nederlandse studenten. Maar ik beschikte niet over een Nederlands paspoort en daardoor kon dat kennelijk niet. En ook de Turkse regering kon mij niet sturen, omdat ik geen Turkse studenten vertegenwoordigde.

Interviewer Wat rot voor je! Heb je nog meer voorbeelden?

Mehmet Ozkan Nou, ik zou graag veel willen reizen maar ik heb geen geld om steeds een visum te betalen. Dat is toch een heel bedrag. Soms krijg ik ook niet eens een visum of moet je vreselijk lang wachten. Verder wil ik graag stemmen bij alle verkiezingen hier, en nu heb ik geen stemrecht voor de Tweede Kamer bijvoorbeeld. De huidige situatie is dat ik alleen mag stemmen voor de verkiezingen van de gemeenteraad.

Interviewer — En hoe zit dat met je Turkse paspoort? Ga je dat teruggeven als je de Nederlandse nationaliteit krijgt?

Mehmet Ozkan — Nee, dat wil ik eigenlijk niet. Daarom heb ik ook lang geaarzeld. Kijk, wanneer je in Turkije bent zonder Turks paspoort, dan gaan ze je discrimineren. Ik hoorde dat ze je dan bij de douane aan de grens dikwijls de hele dag laten wachten. Dat heeft pas een vriend van me meegemaakt. En op de ambassade hier doen ze soms ook moeilijk. Misschien verlies ik overigens ook de erfenis van mijn vader, maar dat is voor mij niet zo belangrijk.

Interviewer — Maar je kunt toch twee paspoorten hebben, of mag dat niet?

Mehmet Ozkan — Nee, de Nederlandse overheid erkent officieel de dubbele nationaliteit niet. Dat is de moeilijkheid. Eigenlijk zou je twee paspoorten moeten hebben. Ik geloof dat veel meer buitenlanders naturalisatie zouden aanvragen als dat wel zou mogen. Want in Nederland wonen, belasting betalen zoals iedereen, maar niet alle rechten hebben van de Nederlanders, dat vinden de meeste buitenlanders niet eerlijk.

Naar: *Buitenlanders Bulletin*, mei 1988.

25 *Heel/Hele*

Heel volgt de regels van het bijvoeglijk naamwoord. Het wordt vaak gebruikt voor een ander bijvoeglijk naamwoord of voor een bijwoord in de betekenis van _erg, zeer_.

Ik hoorde dat ze je dan bij de douane aan de grens dikwijls de *hele* dag laten wachten.

Ik heb een *heel* uur met Turkije gebeld over mijn visum.

Ik heb dat gedaan omdat ik *heel* graag alle rechten wilde hebben die Nederlanders ook hebben.

Dat was voor leerlingen met *hele* goede cijfers op het atheneum.

Dat is een *heel* goed voorbeeld van discriminatie.

B 2 Maximaal vijf uur achter het scherm

Werkgevers mogen hun personeel niet langer dan vijf uur per dag achter een beeldscherm laten werken. Tevens moeten ze ervoor zorgen dat het werk afwisselend is. Aldus een uitvoerig artikel in het tijdschrift 'Werken met beeldschermen'.

Binnenkort werkt feitelijk meer dan een miljoen werknemers in het Nederlandse bedrijfsleven met een computer. Uit een onderzoek blijkt dat 37 procent van de werknemers die vaak met een beeldscherm werken, last heeft van zijn spieren. Oogklachten komen eveneens bij 37 procent van deze werknemers voor. Nog eens 20 procent klaagt over hoofdpijn. De klachten nemen toe als de werkplek niet goed aangepast is: als er bijvoorbeeld te weinig licht is of als het te warm of te koud is. De norm van vijf uur per dag voldoet aan de richtlijn van de Europese Gemeenschap. Deze houdt verder in dat mensen die met een beeldscherm werken onder meer de mogelijkheid moeten hebben regelmatig hun ogen te laten onderzoeken. Ook moeten de programma's waarmee de werknemer werkt, aangepast zijn aan zijn kennis en ervaring. Werkgevers schijnen hun personeel nogal eens programma's te laten gebruiken waarin een verborgen controle is ingebouwd. Dit is volgens de nieuwe richtlijnen verboden. De arbeidsomstandigheden in Nederland zijn vastgelegd in de zogenaamde Arbo-wet. Deze wet is opgesteld om de werknemers te beschermen. Veel werknemers doen een beroep op deze wet. Blijkbaar voldoen de omstandigheden in veel gevallen niet aan de voorschriften.

Naar: *de Volkskrant*, 3 november 1990.

Zeggen hoe zeker iets is

zeker **(Het) blijkt dat**	Uit een onderzoek blijkt dat 37 procent van de werknemers die vaak met een beeldscherm werken, last heeft van zijn spieren.
... blijkt/blijken + te + *infinitief*	Van de werknemers die vaak met een beeldscherm werken blijkt 37 procent last te hebben van spieren en gewrichten.
blijkbaar	Blijkbaar voldoen de omstandigheden in veel gevallen niet aan de voorschriften.
niet zo zeker **(Het) schijnt dat ...**	Het schijnt dat werkgevers hun personeel nogal eens programma's laten gebruiken waarin een verborgen controle is ingebouwd.
... schijnt/schijnen + te + *infinitief*	Werkgevers schijnen hun personeel nogal eens programma's te laten gebruiken waarin een verborgen controle is ingebouwd.

25 C 3 Ruilen

VERKNR 562
9271 T-SHIRT 49.95
9210 JEANS 139.95
SUBTOT 189.90
TOTAAL 189.90
GIRO 189.90
TERUG .00
21021
9623 18:17 29/03/90

Verkoopster Goedemorgen mevrouw, wat kan ik voor u doen?

Mevrouw Kerst Goedemorgen. Mevrouw, ik heb gisteren deze broek gekocht bij u voor mijn zoontje maar toen hij hem aandeed, vond hij hem helemaal niet mooi. Hij wil hem echt niet hebben. En nou wil ik hem ruilen, hier hebt u de bon.

Verkoopster Het spijt me mevrouw maar bij ons kunt u niet ruilen.

Mevrouw Kerst Wat? Niet ruilen? Hoe kan dat nou? Je kan toch zeker overal alles ruilen?

Verkoopster Nee mevrouw, dat kan niet. Het spijt me. U mag alleen ruilen als dat op de kassabon staat. Bijvoorbeeld: 'ruilen alléén met deze bon binnen acht dagen' of 'zonder kassabon niet ruilen'.

Mevrouw Kerst Wat zegt u? Mag dat niet? Nou, maar daar neem ik geen genoegen mee. Wat een flauwekul. Natuurlijk kan ik ruilen.

Verkoopster Nogmaals mevrouw, daar is geen sprake van. Hier wordt niet geruild.

4 En als u nu hier even uw handtekening zet?

Leveranciers Goedemiddag meneer Gordijn. Wij komen uw bankstel brengen.

Frits Gordijn O, wat fijn. Komt u binnen. Ria, doe die deur even open, het bankstel is er. Voorzichtig met schuiven, jongens!

Leveranciers Zo, hier komt uw bank. En daar zijn de fauteuils.

Ria Stoeltjes Nou, daar ben ik blij om. Daar hebben we lang op gewacht.

Leverancier Ja, dat is meestal zo. En als u nou hier even uw handtekening zet?

Frits Gordijn Okee, alstublieft. En hartelijk bedankt, hè?

Leveranciers O, geen dank. En veel plezier ermee.

Ria Stoeltjes Nou, gauw even kijken. Hé Frits, hieronder zit een grote scheur. Dat is toch werkelijk te gek! Wat doen we nou?

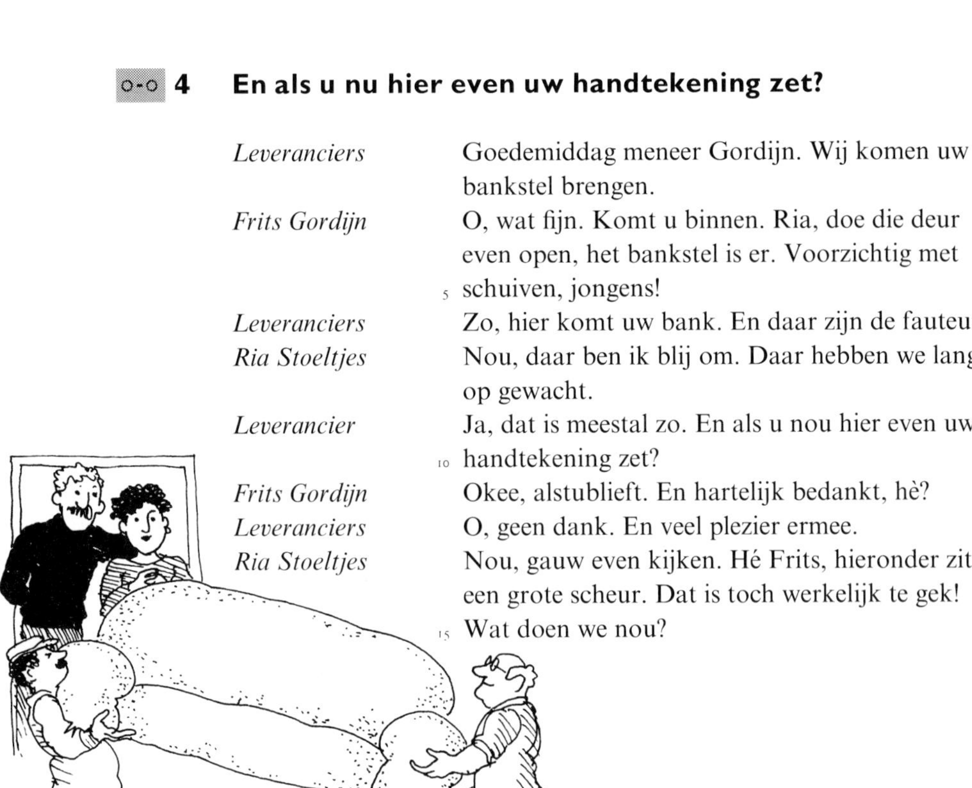

Nadruk geven

echt	Mevrouw, ik heb gisteren deze broek gekocht bij u voor mijn zoontje maar toen hij hem aandeed, vond hij hem helemaal niet mooi. Hij wil hem echt niet hebben.
werkelijk	Zeg Frits, hieronder zit een grote scheur. Dat is toch werkelijk te gek. Wat doen we nou?

D 5 Huurverhoging?

Mevrouw Bernard woont in de Ebbingestraat. Haar huur is f 316,– per maand. Gewoonlijk wordt per 1 juli de huur verhoogd met drie procent. Toen ze dit jaar een brief van haar huisbaas kreeg waarin stond dat ze zes procent meer huur moest betalen, was ze heel kwaad. Ze is niet bereid dit jaar haar huurverhoging te betalen. Op advies van het buurthuis heeft ze geprotesteerd bij de huurcommissie aangezien haar woning allerlei gebreken vertoonde: hij was al jaren niet geschilderd, het lekte in de kelder en de trap was kapot.
Het antwoord dat de huurcommissie haar onlangs zond, was positief: in plaats van een huurverhoging van zes procent mocht ze haar oude huur blijven betalen. Dat nieuws verheugde haar zeer, want dat was precies wat ze wilde. Als de huisbaas alles laat herstellen, zal ze de volgende huurverhoging wel betalen.

Wanneer heeft u als huurder het recht de oude huur te blijven betalen?

1 *Als uw woning niet goed onderhouden is.*
De verhuurder moet er bijvoorbeeld voor zorgen dat het huis van buiten wordt geschilderd. U moet klachten snel aan de huisbaas melden, liefst per brief (kopie bewaren). Dan weet uw huisbaas in ieder geval dat hij er iets aan zal moeten doen. Anders kan hij later zeggen dat hij niet wist dat er klachten waren.

2 *Als u te veel huur betaalt.*
Hoe wordt uw huur berekend? De prijs van een woning hangt in principe af van het aantal punten dat uw woning waard is. Hoeveel punten uw woning waard is, kunt u zelf uitrekenen. Wanneer u daarbij hulp nodig heeft, kunt u naar het plaatselijk bureau voor Rechtshulp gaan. U wordt daar gratis geholpen.

Wat moet u doen om te protesteren tegen de huurverhoging?

Wanneer u wilt protesteren tegen uw huurverhoging en u weet wat uw rechten zijn, moet u een speciaal formulier invullen (te verkrijgen bij de huurcommissie).Als de nieuwe huur per 1 juli moet ingaan, dan moet het formulier voor 12 augustus bij de verhuurder binnen zijn. Wie verdere informatie wil hebben, kan die krijgen bij de genoemde instanties.

Naar: *Staatskrant*, 29 juni 1990.

25 *Als, wanneer, toen*

***Als, wanneer* en *toen* zijn voegwoorden die kunnen betekenen: op het moment dat, in de periode dat.**

***Als* en *wanneer* + een onvoltooid of voltooid tegenwoordige tijd.**
Wanneer u *weet* wat uw rechten zijn, moet u een speciaal formulier invullen.
Als jij morgen weg *bent*, kan ik rustig werken.
Als ik goed *geslapen heb*, word ik meestal vroeg wakker.

***Toen* + een onvoltooid verleden tijd of een voltooid verleden tijd.**
Toen mevrouw Bernard dit jaar weer een brief van haar huisbaas *kreeg* waarin stond dat ze zes procent huurverhoging moest betalen, was ze heel kwaad.
Toen Mehmet de Nederlandse nationaliteit *gekregen had*, ging hij bij de politie werken.

E 6 Bibliotheek kan zondags open blijven

Van onze verslaggever Arno Haijtema

Den Haag — De openbare bibliotheek van Leiden kan op zondag open blijven. De directie van de bibliotheek heeft hierover donderdag een akkoord bereikt met de ambtenarenbonden AbvaKabo en CFO. Aanvankelijk waren de bonden tegen de zondagsopening, omdat ze die in strijd achtten met de bepalingen in de cao.

Vorige week spanden de vakbonden een kort geding aan tegen de Leidse bibliotheek, om te verhinderen dat die bij wijze van experiment gedurende een half jaar op zondag zou zijn geopend. De Haagse rechtbank adviseerde de strijdende partijen toen te onderhandelen over de omstreden openstelling. De bonden en de bibliotheek gaven aan dat advies gehoor.

De partijen zijn nu overeengekomen dat de bibliotheek ontheffing zal aanvragen op de cao-bepaling die werken op zondag verbiedt. Over die ontheffing zullen de cao-partijen (vertegenwoordigers van werkgevers en werknemers in de bibliotheekbranche) het eens moeten worden.

De directie van de bibliotheek verdedigt de zondagsopening met het argument dat ermee wordt tegemoetgekomen aan een grote maatschappelijke behoefte. Zij wijst daarbij op de hoge bezoekersaantallen van de afgelopen twee weekeinden. Op de eerste zondag dat de bibliotheek geopend was, bezochten zevenhonderd Leidenaren de instelling. Afgelopen zondag telde de bibliotheek duizend bezoekers.

De vakbonden verklaarden tijdens het kort geding van vorige week dat de noodzaak van de zondagsopening niet was aangetoond. Zij betwijfelden bovendien of het personeel zich wel vrijwillig had aangemeld voor werken op zondag.

Volgens directeur E. van Sprundel is de belangstelling onder het personeel voor zondagsarbeid erg groot. Het aantal vrijwilligers is groter dan de voor de zondagsopening vereiste personeelsbezetting, aldus Van Sprundel.

Uit: *de Volkskrant*, 2 november 1990.

F

aandoen
aangezien
aarzelen
de ambassade
de arbeidsomstandigheid
het atheneum
het bedrag
het bedrijfsleven
het beeldscherm
bereid
berekenen
het beroep
— een beroep doen op
beschermen
bewaren
binnenkort
blijkbaar
de controle
de dank
discrimineren
de douane
dubbel
de erfenis
erkennen
eveneens
feitelijk
fijn
de generatie
het genoegen
— genoegen nemen met
gewoonlijk
gisteren
gratis
de grens
de handtekening
herstellen
hieronder
de huisbaas
de huurcommissie
de huurder
de huurverhoging
inbouwen
ingaan
de ingenieur
inhouden
de kassabon
de kelder
kennelijk
de klacht
de kopie
kwaad
lekken
de leverancier
het licht
meemaken
de nationaliteit
de naturalisatie
nogmaals
de norm
de omstandigheid
onderhouden
onlangs
de oogklacht
de overheid
het personeel
de plaats
— in plaats van
plaatselijk
het plezier
de rechtshulp
de richtlijn
rot
ruilen
het scherm
de scheur
schilderen
schuiven
de spier
sprake
— geen sprake van
teruggeven
de trap
uitrekenen
uitvoerig
vastleggen
verbergen
verheugen
de verhuurder
verkrijgen
verliezen
de vertegenwoordiger
vertegenwoordigen
vertonen
het visum
voldoen (aan)
het voorschrift
voorzichtig
werkelijk
de werkplek
zenden

26 Dat moet je niet doen!

A 1 Wonen in een woongroep

Jos woont in een woongroep aan de rand van Utrecht, samen met zijn vrouw Marlies en zijn dochter Janneke van vier en zijn zoontje Jonas van één jaar. De woongroep bestaat uit vijftien personen. Zeven volwassenen, waaronder ook twee ouderen (van 70 en van 62 jaar), en acht kinderen in de leeftijd tussen één en vijftien jaar. Ze wonen in een groot huis met rondom een fraaie tuin.

Joop Hallo Jos.

Jos Hallo Joop.

Joop Ik zou iets schrijven over jullie woongroep in het krantje van onze voetbalclub. Hoe bevalt het jou om in een woongroep te wonen?

Jos Nou, zeer goed, kan ik wel zeggen …

Joop Waarom woon je eigenlijk in een woongroep?

Jos Nou, Marlies en ik wilden liever in een groter verband leven met meer mensen dan alleen met ons vieren. Vooral voor de opvoeding van onze kinderen vinden we dat belangrijk.

Joop Hoe hebben jullie je woongroep georganiseerd?

Jos Dit huis is vier jaar geleden door één van ons gekocht en wij huren onze woonruimte van hem. We hebben samen een keuken waar we ook eten en verder heeft ieder zijn eigen kamers met daarbij een eigen bad of douche zodat iedereen toch ook genoeg individuele ruimte heeft. Wij hebben bijvoorbeeld drie kamers.

Joop Jullie eten samen?

Jos Ja, dat is wel de bedoeling. Iedereen kookt hier om de beurt, doet boodschappen en zo en om zes uur 's avonds eten we met zijn allen. Tenzij je gasten hebt, want dan zorg je voor jezelf.

Joop Je zei net dat de woongroep voor de opvoeding van je kinderen zo belangrijk is. Waarom?

Jos Nou, in Nederland zijn er per gezin weinig kinderen. Janneke en Jonas hebben nu tenminste vriendjes in huis. En bij de opvoeding zijn zo ook meer mensen betrokken dan alleen de ouders. Wij ervaren dat als heel positief.

Joop Hoe gaat dat dan precies?

Jos Nou, bijvoorbeeld bij het eten bepaalt degene die kookt wat de regels zijn aan tafel. De een vindt het niet beleefd dat de kinderen van tafel gaan tijdens het eten, van de ander moet iedereen netjes met vork en mes eten en weer een ander vindt dat kinderen altijd alles moeten opeten. Iedereen mag zo om de beurt de regels bepalen. Degene die kookt heeft de leiding gedurende de maaltijd en dat werkt in de praktijk heel goed. De kinderen leren dat er verschillende regels mogelijk zijn. Ja, dat is nu een vanzelfsprekende gewoonte geworden.

Joop Zijn er ook ouderen in de groep?

Jos Ja, Margriet en Hans.

Joop Hebben die veel contact met de kinderen?

Jos Ja, die spelen wel degelijk een heel belangrijke rol in het leven van de kinderen. Ze hebben vaak wat meer tijd en kunnen vaak meer geduld opbrengen dan wij. Hans, Hans bijvoorbeeld hè, die kan prachtige verhalen vertellen. Nou, Janneke gaat hem 's avonds vaak nog even welterusten zeggen voor ze in bed kruipt in de hoop dat hij haar nog een verhaaltje vertelt.

Joop Heeft het wonen in een woongroep nog andere voordelen?

Jos Jazeker, jazeker. Financiële voordelen bijvoorbeeld. Het leven met meer personen is aanzienlijk goedkoper: je hoeft bijvoorbeeld maar één wasmachine en één koelkast te kopen. En we wonen hier in een prachtig huis in een prachtige omgeving. Ja, zo'n huis zouden Marlies en ik nooit alleen kunnen betalen.

Joop Is er nooit ruzie met zo veel mensen in één huis?

Jos Ja, er zijn uiteraard wel eens spanningen, dat snap je wel. Maar tot nu toe zijn we er met praten nog altijd uitgekomen. In het begin hadden we in dat opzicht meer problemen dan nu. De stemming is meestal goed. Ja. Langzamerhand leer je elkaar beter kennen, hè. Maar je moet wel geven en nemen en niet altijd gelijk willen hebben. Dan moet je niet in een woongroep gaan wonen.

Joop Nou zeg, bedankt voor het gesprek. Ik zal je volgende week even laten lezen wat ik er van gemaakt heb. Tot dan!

Jos Tot dan!

Naar: *School-t.v. weekjournaal*, 28 november 1986.

Afscheid nemen

Tot dan
— Ik zal je volgende week even laten lezen wat ik er van gemaakt heb. Tot dan!
— Tot dan!

Tot gauw
— Nou, ik hoop je snel weer te zien. Tot gauw.
— Ja, tot gauw.

Tot zo
— Nou, ik ga even naar de bakker. Tot zo.
— Tot zo.

Tenzij

***Tenzij* is een voegwoord van conditie. Het betekent: maar niet als.**

Om zes uur eten we met zijn allen. *Tenzij* je gasten hebt, want dan zorg je voor jezelf.
In de zomer ga ik vaak zwemmen, *tenzij* het te koud is.

B 2 Kinderhoroscoop helpt ouders bij het opvoeden

De 38-jarige Vera Lemm maakt horoscopen van kinderen: van klein tot groot. Zij heeft hiervoor geen opleiding gevolgd. Vroeger zat ze in de journalistiek maar ruim 10 jaar geleden is zij met de astrologie begonnen en sinds de geboorte van haar nu vijfjarige zoontje is ze helemaal opgegaan in kinderhoroscopen.

Via de horoscoop krijgt zij inzicht in het karakter en de ontwikkeling van het kind. Daarmee hoopt ze de ouders te helpen.

Vera: Ouders komen bijvoorbeeld met de vage klacht dat hun kind steeds in zijn kamer op bed ligt: 'Mijn zoontje doet zo eigenaardig: hij weet niets te doen en verveelt zich de hele dag'. Soms blijkt dan volgens Vera uit de horoscoop dat het kind net in een stille periode is en dat het behoefte heeft in zijn eentje te zijn. Dat kan al een heleboel verklaren.

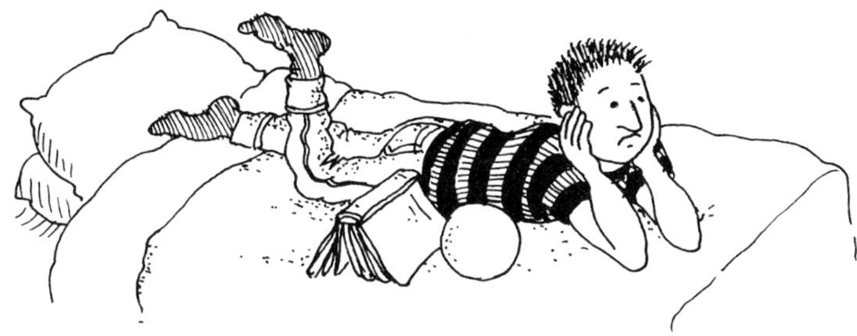

Meestal duurt zo'n periode maar heel kort en gaat het wonderlijke gedrag vanzelf over. Andere ouders klagen dat ze geen gezag meer over hun kinderen hebben: 'Ze luistert helemaal niet naar ons.' Ook dat is meestal iets wat voorbijgaat. Belangrijk is dat de ouders het kind een beetje de ruimte geven en het niet dwingen in een richting die niet bij hem of haar past.

Vera krijgt felle kritiek uit de medische wereld, maar daar trekt ze zich niets van aan. 'Ik heb nog nooit klachten gehad, de ouders gaan tevreden naar huis en kunnen er wat mee doen'.

Het maken van een horoscoop kost heel veel tijd. Daarom maakt Vera slechts een gering aantal afspraken per week. 'Eerst maken we telefonisch een afspraak. Daarna krijg ik per brief de gegevens over geboortedatum, plaats en uur binnen. En op het spreekuur ben ik gemiddeld anderhalf uur per consult kwijt. Ik houd mijn prijzen laag: ik vraag f 75,– per consult. De gemiddelde prijs voor een astrologisch consult ligt tussen de f 150,– en de f 200,–.'

Vera gaat binnenkort samenwerken met een psycholoog. 'Ik vertel hoe een kind in elkaar zit, maar ouders komen met praktische dingen, bijvoorbeeld een kind dat niet wil eten of heel slecht slaapt. Daar heb je advies van een psycholoog voor nodig.'

Naar: *Echo, Amsterdams Stadsblad*, 10 oktober 1990.

Verveling uitdrukken

Ik verveel me	'Mijn zoontje doet zo eigenaardig: hij weet niets te doen en verveelt zich de hele dag.'
Ik vind ... vervelend	— Hoe was het consult met de astroloog? — O, ik vond het vreselijk vervelend. Jammer van het geld.
Duurt het nog lang?	— Duurt dit gesprek nog lang? — Hoezo, vind je het niet interessant? — Nee, absoluut niet.

Het samengestelde werkwoord

Werkwoorden die beginnen met be-, er-, ge-, her-, ont-, ver-.

Als een werkwoord begint met *be-, er-, ge-, her-, ont-, of ver-*, en het accent valt niet op de eerste lettergreep, dan krijgt het voltooid deelwoord geen ge- ervoor.

beginnen	Ruim tien jaar geleden is zij met de astrologie *begonnen*.
ervaren	Wij hebben het wonen in een woongroep als heel positief *ervaren*.
gebeuren	— Er is een ongeluk *gebeurd* in de straat hier achter. — Zullen we gaan kijken?
herstellen	Hij heeft alles wat kapot was, *hersteld*.
ontmoeten	Vera en Jos hebben elkaar nog nooit *ontmoet*.
verklaren	De psycholoog heeft *verklaard* dat het kind rust moet hebben.

C 3 Dat had ik vroeger nooit gedacht

Het verhaal van een vrouw die op een school voor volwassenen zit.

Lies

Vroeger was ik heel slecht in rekenen, vooral in vermenigvuldigen en delen en breuken en zo. En ik durfde meestal niets te zeggen als ik iets niet begreep. Ze waren ontzettend streng. Met veel moeite ben ik tot de tweede klas van de middelbare school gekomen. Ik vond het nooit leuk op school. En toen kwam ik mijn man tegen. Hij was tien jaar ouder en we zijn al heel vlug getrouwd. Ik heb dus geen eindexamen gedaan. Dat vond ik altijd al niet leuk, maar toen mijn oudste naar de middelbare school ging en dingen ging leren die ik niet kon, toen kreeg ik het helemaal verschrikkelijk moeilijk.

En mijn man die hoorde toen van de school voor volwassenen. Een vriendin van mij die … die wilde daar ook naartoe maar ze durfde niet. En haar man die zei ook: 'Ik zou het maar doen', net als de mijne. Toen zijn we samen gegaan. Ik was natuurlijk heel bang voor wiskunde maar dat viel erg mee eigenlijk. De boeken zijn heel anders dan vroeger, je begrijpt het veel sneller.

Er heerst nu ook een hele andere sfeer op school dan vroeger, dat eh … dat merk ik ook op de school van de kinderen. Die noemen de juffrouw of de meester gewoon bij de voornaam en ze zijn ook helemaal niet bang voor ze. Vroeger kon je een klap krijgen, als je iets verkeerd gedaan had. Nu doen ze dat heel anders. En ze zijn blij, als je een vraag stelt als je iets niet begrijpt. Ja, stel je voor! Nou, daardoor durf je veel meer, je krijgt veel meer zelfvertrouwen, terwijl ik toch echt niet knap ben. Ik ben nu nog nooit voor een toets gezakt; het gaat hartstikke goed.

Ik ga nu eindexamen doen en als ik slaag dan wil ik proberen verpleegster te worden. En als dat lukt, nou dan wordt mijn droom eindelijk werkelijkheid. En dat had ik vroeger nooit gedacht!

Naar: *Basiseducatie*, mei 1990

Aanraden

Ik zou ... (maar) doen	En haar man zei ook: 'Ik zou het maar doen' net als de mijne.
Je moet ... (maar) doen	— Ik wil graag naar een cursus Turks. — O leuk, dat moet je doen!

26

Afraden

Ik zou ... (maar) niet doen	— Ga je echt verhuizen naar Amsterdam? Dat zou ik niet doen! — Waarom niet?
Je moet ... (maar) niet doen	— Ik wil proberen verpleegster te worden. — Dat moet je niet doen. Dat verdient heel slecht.

Graduering

ontzettend	Ze waren ontzettend streng.
heel	Hij was tien jaar ouder en we zijn toen heel vlug getrouwd.
hartstikke	Ik ben nu nog nooit voor een toets gezakt; het gaat hartstikke goed.
verschrikkelijk	Toen mijn oudste naar de middelbare school ging, toen kreeg ik het helemaal verschrikkelijk moeilijk.

Aantal

optellen	7 + 10 = 17	(zeven **plus** tien **is** zeventien)
aftrekken	18 − 11 = 7	(achttien **min** elf **is** zeven)
vermenigvuldigen	13 × 5 = 65	(dertien **keer/maal** vijf **is** vijf en zestig)
delen	20 : 4 = 5	(twintig **gedeeld door** vier **is** vijf)

D

4 Wat eet je op een dag?

Annemarie is 10 jaar en ze heeft opgeschreven wat ze dinsdag heeft gegeten en waarom ze dat heeft gegeten.

		omdat:
	*'s morgens*: twee bruine boterhammen met margarine: één met jam en één met kaas, een kopje thee met één schepje suiker.	ik dat elke morgen eet. ik jam lekker vind en mijn moeder zegt dat kaas goed voor me is
	*op weg naar school*: twee dropjes	Barbara die me gaf.
	*pauze*: pakje schoolmelk een appel	ik dat altijd drink ik die altijd meekrijg van thuis
	*'s middags*: drie bruine boterhammen met margarine, één met ei, één met ham en één met hagelslag één stukje suikervrije kauwgom	ik honger heb als ik uit school kom ik mijn tanden dan niet hoef te poetsen.
	*uit school*: kopje thee met suiker en twee koekjes	er bezoek is en er van alles op tafel staat
	*wat later*: een dunne reep chocola	Pieter en ik daar zin in hadden en we samen genoeg zakgeld hadden om een reep te kopen.
	*'s avonds*: een bord friet met kip en sla twee glazen cola	mijn vader dat elke dinsdag koopt omdat mijn moeder dan ook werkt en anders krijgen we nooit cola, want dat vindt zij te duur.
	*later*: een glas limonade en twee snoepjes	mijn vader dat goed vindt, en dat we dan stil zijn, als hij naar het nieuws kijkt.

5 De geest in de fles

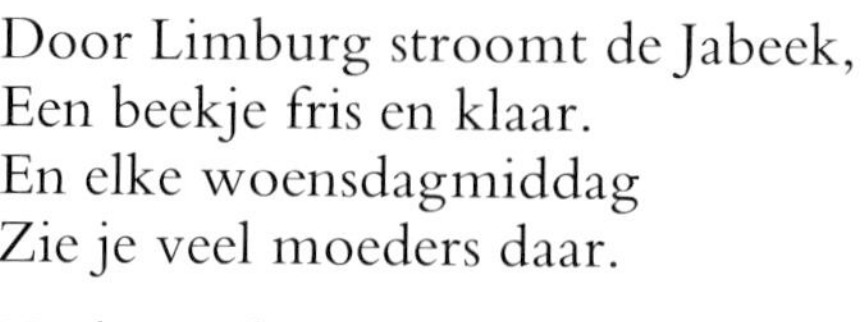

Door Limburg stroomt de Jabeek,
Een beekje fris en klaar.
En elke woensdagmiddag
Zie je veel moeders daar.

Veel moeders met haar kinderen,
Die dompelen ze in 't nat.
Opdat ze minder hinderen,
Doen die moeders dat.

Immers, er wordt vaak geklaagd,
– ik doe er zelf aan mee –
Dat kinderen, wat je ze ook vraagt
Antwoorden met: *nee.*

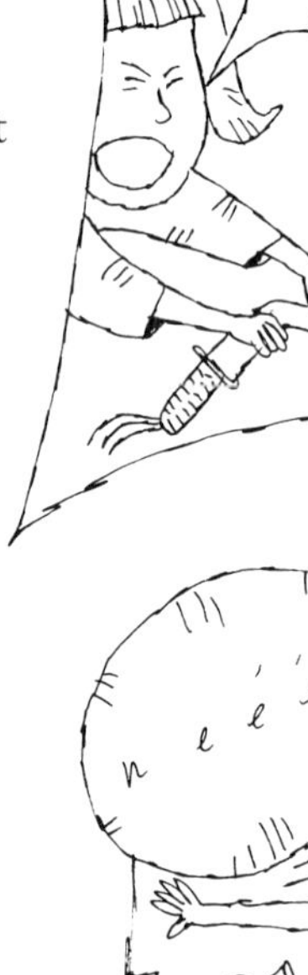

Smeekt de moeder: kleed je aan,
Dan luidt het antwoord: nee.
Maar vraagt zij later: kleed je uit,
Dan zegt dat kind weer: nee.

En zegt ze: eet je boterham,
Of: loop nou met me mee,
Of: ruim je eerst je speelgoed op?
't Is nee en nee en nee.

Laat alsjeblieft dat fietsje staan,
En kom je handen wassen. Nee!
Doe netjes je pyjama aan,
En dan naar bed toe. Nee!

Wanneer dat nu te gek wordt,
Neem dan zo'n kind op woensdag mee
En doop het in de Jabeek,
Dan zegt het nooit meer nee.

Dan zegt het altijd, altijd ja,
Wat je dat kind ook vraagt;
Een antwoord dat zijn pa en ma
Tot tranen toe behaagt.

Als ik een raad mag geven,
Onthoud dit dan voor later:
Bewaar je hele leven
Een fles met Jabeekwater.

Rudy Kousbroek.

Uit: *NRC-Handelsblad*, 12 oktober 1990.

F

aanzienlijk
aftrekken
astrologisch
het bad
de behoefte
beleefd
betrekken (bij)
de breuk
de chocola
het consult
degelijk
— wel degelijk
de droom
het dropje
dun
dwingen
het eindexamen
ervaren
financieel
fraai
de gast
gedurende
gering
de gewoonte
heersen
heleboel
hiervoor
individueel
het inzicht
de journalistiek
de juffrouw
de kauwgom
de kinderhoroscoop
de kip
de klap
de klas
knap
het koekje
kruipen
kwijt
langzamerhand
de leiding
de limonade
de margarine
meekrijgen
de meester
min
de omgeving
opbrengen
opeten
opgaan
opschrijven
optellen
opvoeden
de opvoeding
het opzicht
— in dat opzicht
plus
poetsen
de praktijk
praktisch
de psycholoog
de rand
de reep
rondom
de schep
de schoolmelk
de sfeer
snappen
het snoepje
de spanning
de stemming
streng
suikervrij
de tand
telefonisch
tenminste
de toets
uiteraard
vaag
vanzelf
vanzelfsprekend
het verband
verklaren
vermenigvuldigen
de verpleegster
verschrikkelijk
zich vervelen
de voetbalclub
voorbijgaan
de vork
waaronder
de wasmachine
de werkelijkheid
wonderlijk
de woongroep
het zakgeld
het zelfvertrouwen

27 Dat is interessant!

A 1 Gesprek met een schrijver

Kunstenaars oefenen hun beroep soms uit op de meest vreemde plaatsen: in fabrieken, bossen en parken, maar ook in brugwachtershuisjes. Sadik Yemni werkt sinds acht jaar bij de Nederlandse Spoorwegen en woont in een brugwachtershuisje ergens buiten Breukelen. Daar schrijft hij zijn boeken.

Interviewer Meneer Yemni, hoe bevalt het u hier?

Sadik Yemni O, prima. Toen ik hier voor het eerst kwam, dat was in 1980, acht jaar geleden nu, werd ik gelijk verliefd op deze plaats. Het leek me goed om me hier voor een tijd te vestigen. Ja, thuis word ik gebeld of er komen mensen op bezoek. Hier zie ik soms dagen niemand. Ik kan de hele dag lezen, denken, dromen en schrijven. Ik houd van de stilte. Vooral 's winters, nou dan dringt hier nauwelijks geluid door. Stel je voor: een dag in de winter of in het najaar, mist, geen enkel geluid, stilte, slechts af en toe het lawaai van een naderende trein.

Ja, je bestaan is teruggebracht tot een paar vierkante meter binnen vier muren. Zitten, zitten en schrijven. Maar een hele dag schrijven is wel lang, hoor. Om inspiratie te krijgen loop ik regelmatig over een niet meer gebruikte spoorweg van een paar honderd meter. Nou, daar doe ik dan precies zestien minuten over. Elk idee dat ik krijg, noteer ik zorgvuldig.

Interviewer Schrijft u makkelijk?

Sadik Yemni Soms krijg ik geen letter op papier, maar als ik eenmaal de kern van het verhaal op papier heb staan, ben ik zo klaar. Dan pak ik mijn pen en schrijf ik door tot ik niet meer kan.

Interviewer Vorig jaar is uw eerste boek verschenen, 'De IJzeren Snavel'. Waar gaat dat over?

Sadik Yemni Ja, het is een serie verhalen waarin een beeld gegeven wordt van de omstandigheden waaronder veel Turken in Nederland leven. Ik was er zelf niet zo tevreden over. Volgend jaar moet 'De Geest van de Brug' verschijnen. Dat is een soort dagboek. Ik zou graag een roman schrijven, maar daar vind ik mezelf nog niet goed genoeg voor.

Interviewer Wat leest u zelf graag?

Sadik Yemni Ik lees zelf graag boeken van Borges. Die is heel interessant. Ik beschouw hem als mijn grote voorbeeld. Een tijd lang heb ik mezelf moeten verbieden om zijn boeken te lezen, omdat ik er te veel door werd beïnvloed. Maar dat is nu over.

Interviewer Hoe lang blijft u hier nog?

Sadik Yemni Nou, ik heb mijn langste tijd hier wel gehad. Het is namelijk een eenzaam bestaan. Als je dit werk te lang doet, ga je geestelijk kapot. En op een gegeven moment werden zowel mijn Turks als mijn Nederlands slechter. Ik vergat bepaalde uitdrukkingen. Sinds die tijd lees ik hardop. Aristoteles, Descartes. Het lezen van filosofische teksten is goed voor je taal. Verder lees ik veel kranten en tijdschriften.

Interviewer Wat gaat u na uw vertrek doen?

Sadik Yemni Ach, plannen genoeg. Ik wil enkele van mijn verhalen in het Turks vertalen, en ik heb nog voldoende ideeën voor boeken. Maar hier moet ik weg. Anders vrees ik dat ik het contact met de rest van de wereld verlies.

Naar: *Goois Weekblad*, 8 oktober 1988.

27 *Belangstelling uitdrukken*

Ik zou graag ... doen	Ik zou graag een roman schrijven, maar daar vind ik mezelf nog niet goed genoeg voor.
Ik ... graag ...	— Wat leest u zelf graag?
... is interessant	— Ik lees graag boeken van Borges. Die is heel interessant.

B 2 Afrikaanse Sint Pieter

De paus van Rome heeft onlangs een enorme basiliek ingewijd die gebouwd is in een heel klein dorpje in Ivoorkust (West-Afrika).

De president van Ivoorkust, Félix Houphouët-Boigny, is geboren in Yamoussoukro en hij heeft in 1983 besloten dat dat de hoofdstad van zijn land moest worden. Daarom heeft hij daar een enorme stad willen bouwen voor een miljoen mensen, met grote pleinen en brede straten. Er zijn grote gebouwen neergezet zoals een universiteit, een hotel (le Président geheten) en een basiliek: Notre-Dame-de-la-Paix.
De basiliek lijkt op de Sint Pieter in Rome, maar is aanzienlijk groter en daardoor de grootste basiliek ter wereld. Hij heeft 188 zuilen, waarvan sommige meer dan 20 meter hoog zijn en 7 000 vierkante meter ramen. Met zijn 159 meter steekt de basiliek boven alle andere gebouwen uit en is uit alle delen van de stad zichtbaar. Hij heeft zo'n 40 miljoen gulden gekost.

De paus heeft lang geaarzeld of hij dit gebouw, dat hem werd aangeboden, wel moest accepteren. Er was immers veel kritiek op gekomen: een kerk die zo veel heeft gekost in een land waar de verschillen tussen arm en rijk enorm zijn en waar de grote massa geen voedsel heeft. De president heeft weliswaar gezegd dat hij alles uit eigen zak betaald heeft, maar dat wordt niet door iedereen geloofd. Uiteindelijk is de Heilige Vader toch gekomen om de basiliek in te wijden. Hij heeft wel als voorwaarde gesteld dat er ook een ziekenhuis gebouwd wordt in Yamoussoukro.
Ofschoon de bezwaren van de paus begrijpelijk waren, zou het niet verstandig zijn geweest van hem om dit cadeau niet aan te nemen, want in Afrika groeit het aantal katholieken sneller dan in andere delen van de wereld. Dit geldt overigens ook voor de Islam. Vooral in de Sahellanden neemt het aantal Islamieten toe. In Casablanca heeft de Marokkaanse koning Hassan de Tweede een van de grootste moskeeën laten bouwen, met een laserstraal op de minaret die naar Mekka wijst. En ook in Yamoussoukro staat een grote moskee, die evenals de basiliek door president Houphouët-Boigny is gebouwd.
Ondanks het feit dat de economische situatie in Afrika slecht is, worden zo miljarden guldens besteed ter ere van God en de grote leiders.

Naar: *Onze Wereld*, mei 1989.

Contrast uitdrukken

hoewel	Hoewel er veel kritiek was op het bezoek van de paus aan de nieuwe basiliek in Yamoussoukro, is hij toch gegaan.
ofschoon	Ofschoon de bezwaren van de paus begrijpelijk waren, zou het niet verstandig zijn geweest van hem om dit cadeau niet aan te nemen.
ondanks (het feit) dat	Ondanks het feit dat de economische situatie in Afrika slecht is, worden zo miljarden guldens besteed ter ere van God en de grote leiders.

C o-o 3 Toneelvereniging 'Vondel'

Uitgeest, een dorpje in Noord-Holland, heeft twee toneelverenigingen, voorzien van de namen Vondel en Genesius. Vondel (opgericht op 2 oktober 1872) is de protestantse club, Genesius was katholiek. Vroeger hadden de dominee en de pastoor daar nog een behoorlijke vinger in de pap. Dit voorjaar speelden de clubs samen het toneelstuk 'Anne Frank'. Voor het najaar moet er een komisch stuk geoefend worden.

Tante An — Ja, want dan wordt er in het dorp gezegd: 'Zeg tante An, de volgende keer willen we weer eens lachen, hoor.' Nou ja, daar zorgt tante An dan voor.

Tante An is An van Hoolwerff, 61 jaar, voorzitter en oudste lid van de vereniging (al 41 jaar nu).

Interviewer — U bent zo ongeveer de belangrijkste persoon bij Vondel, geloof ik.

Tante An — Nee hoor. De belangrijkste persoon bij ons is altijd de souffleur.

Interviewer — Waarom bent u bij het amateurtoneel gegaan?

Tante An — Omdat ik van toneel houd, en voor de gezelligheid natuurlijk. Vondel is echt een heel gezellige club. Nou ja, dat merkt u zelf wel.

Interviewer — Wat voor mensen worden er nou lid van een toneelvereniging?

Tante An — O, allerlei mensen. De meesten werken overdag: er zit een caissière bij, een leraar, een militair, een ingenieur. Soms zitten er hele families in: moeder speelt een mooie rol, vader timmert het decor, dochter speelt misschien volgend seizoen een rolletje en het zoontje doet de administratie op zijn computer.

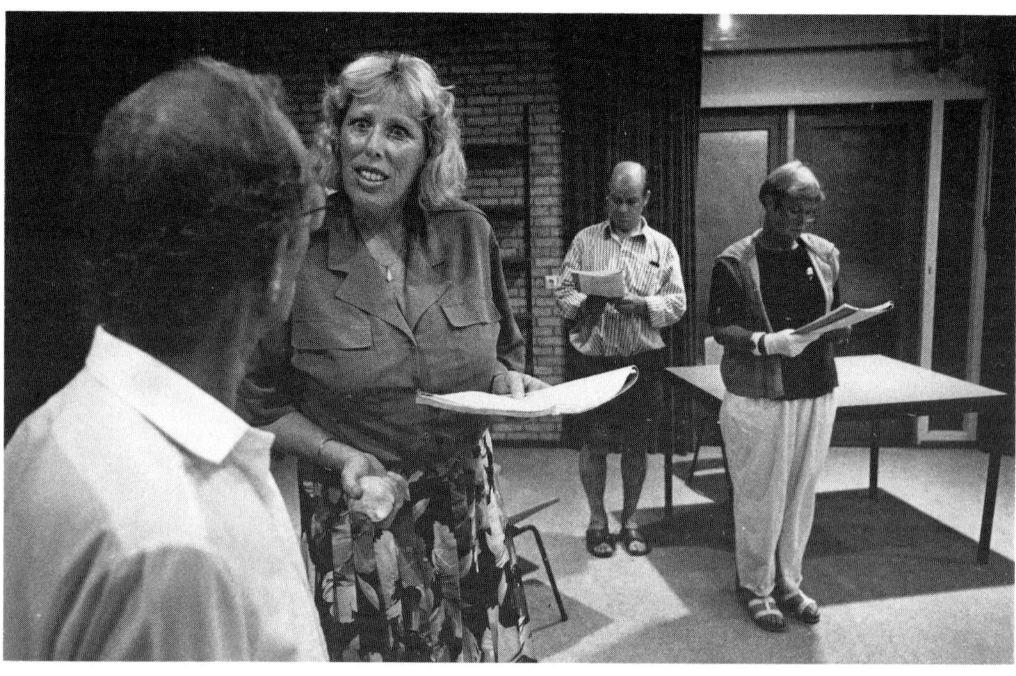

Interviewer U hebt al in heel wat toneelstukken gespeeld. Houdt u nou het meest van komische stukken of speelt u liever een andere stijl?

Tante An Nou, ik ben dus helemaal niet zo gek op komische stukken. Ik heb liever een echt toneelstuk met een mooie inhoud. Zoals een stuk dat we ook eens hebben gespeeld. Dat gaat over een rijke vrouw die haar geld heeft verborgen in een oude pop. Door haar kinderen wordt ze in een inrichting gestopt omdat ze haar geld willen afpakken. Dat is toch niet meer van deze tijd, dacht ik altijd, totdat ik een verhaal las over een vrouw uit een rijke familie die door haar kinderen helemaal gek gemaakt werd, omdat ze geld had. Zoiets gebeurt dus nog steeds. Vanaf dat moment heb ik me helemaal proberen in te leven in zo'n vrouw. Ik heb zelf ook vier zonen, moet u weten. Vier zonen ...

Naar: *de Volkskrant*, 14 september 1990.

De passiefconstructie

Passieve zinnen zonder *'door + handelend persoon'* worden veel gebruikt als het niet belangrijk (of niet bekend) is wie de handeling heeft uitgevoerd. Vaak komt 'er' op de plaats van het onderwerp.

Er zijn grote gebouwen *neergezet*, zoals een universiteit, een hotel en een basiliek.

Ja, want dan *wordt er* in het dorp *gezegd*: 'Zeg tante An, de volgende keer willen we weer eens lachen, hoor.'

Ondanks het feit dat de economische situatie in Afrika erg slecht is, *worden* zo miljarden guldens *besteed* ter ere van God en de grote leiders.

ER GLOEIEND BIJ

© Big Balloon 1987/uit 'Sjef van Oekel bijt van zich af'/Tekst Wim T. Schippers, Tekeningen Theo van den Boogaard.

4 Programma ‘Singer’

De Vereniging ‘Vrienden van Singer’ organiseert voorstellingen (toneel, concerten) in het Singergebouw, maar ook excursies naar andere plaatsen.
Bent u geïnteresseerd in musea, theater of concerten, word dan lid van de vereniging en bestel het programma.
Enkele van onze activiteiten in het komende jaar:

---

donderdag 27 september **MUSEUM**

Hollandse meesters uit Amerika

De tentoonstelling ‘Hollandse Meesters uit Amerika’ in het Mauritshuis in Den Haag laat het Nederlandse en het Europese publiek voor het eerst kennismaken met de Hollandse schilderijen uit de 17e eeuw die in Amerika zijn terechtgekomen. Uit alle gedeelten van Amerika komen schilderijen, zowel uit openbaar als particulier bezit. Zelfs de meest actieve toerist in Amerika zou ze niet te zien krijgen.
Met de keuze van ruim 70 Hollandse werken wil het Mauritshuis een beeld geven van wat de Amerikanen hebben verzameld. Schilderijen van Rembrandt, Vermeer, Frans Hals, Ruisdael, Jan Steen, maar ook van minder bekende kunstenaars uit de 17e eeuw zijn voor een tijdje teruggebracht naar Nederland. Dat is een heel bijzondere gebeurtenis.
De bus vertrekt vanaf Singer om 12.00 uur.

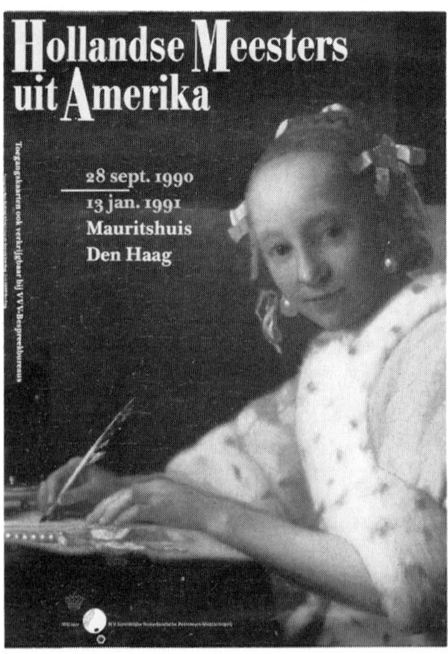

dinsdag 29 januari **TONEEL**

De dood van Iwan Iljitsj

'De dood van Iwan Iljitsj' is geschreven door de Russische schrijver Tolstoj. Het wordt gespeeld door Henk van Ulsen. Van Ulsen heeft de afgelopen veertig jaar met allerlei groepen de meest verschillende rollen gespeeld, en mag tot de beste Nederlandse acteurs gerekend worden.

Iwan Iljitsj Golowin is een heel belangrijke rechter, die veel succes heeft in zijn baan. Plotseling wordt hij ernstig ziek. Hij ziet de dood op zich afkomen. Dat maakt hem niet alleen angstig, maar zet hem ook aan het denken over zijn leven. Hij realiseert zich dat hij ondanks het succes in zijn werk, een leeg leven heeft gehad. De relatie met zijn familie was niet goed; eigenlijk was hij een eenzaam mens. Ook de artsen die hem behandelen, interesseren zich niet echt voor hem.

Naar: *Vrij Uitgaan Programma 1990/1991.*

Naar belangstelling vragen

Interesseert u zich (niet) voor ...?	— Interesseert u zich voor moderne kunst? — Ja, vooral de schilderkunst interesseert me.
Bent u/Ben je geïnteresseerd in ...?	Bent u geïnteresseerd in musea, theater of concerten, word dan lid van de vereniging.

KORTING OP:
THEATERS • CONCERTZALEN • MUSEA • JONGERENCENTRA • KUNSTUITLEEN • BIBLIOTHEKEN • FILMHUIZEN • CREATIVITEITSCENTRA • TIJDSCHRIFTEN • REIZEN • CD'S • BOEKEN

CJP, dan kom je beter uit!
Ben je geïnteresseerd in kortingen op museumbezoek, theatervoorstellingen, concerten, tijdschriften en culturele reizen? Wil je goedkoper terecht bij veel filmhuizen, bibliotheken en kunstuitleencentra?
En bovendien nog eens 9 maal per jaar het CJP Magazine gratis in de bus, boordevol informatie en allerlei goedkope aanbiedingen?
Ben je nog geen 26 jaar?
Profiteer dan en koop een CJP!
Het CJP (voluit Cultureel Jongeren Paspoort) is een kortingskaart voor kunst en cultuur voor iedereen onder de 26 jaar.

Het CJP Magazine
Negen maal per jaar krijg je 't CJP Magazine thuisgestuurd. Een landelijk magazine vol informatie over de mogelijkheden van je CJP. Véél speciale boeken- en platenaanbiedingen, en supervoordelige reizen in en buiten Europa.
Verder interviews, premières, hot-news op cultureel gebied en natuurlijk een evenementenagenda.
En de complete, nog steeds groeiende lijst met tijdschriften die CJP-korting geven.

CJP internationaal
Met je CJP krijg je ook korting over de grens: nu al in België, Frankrijk, Schotland, Spanje, Portugal, Luxemburg en Griekenland.
En CJP blijft zich uitbreiden over Europa! Let op de raamstickers en vráág naar CJP-korting.

Een eenvoudig rekensommetje
leert dat je de aanschaf van f 15,– al terugverdient als je je CJP twee of drie keer gebruikt. En je CJP is van september tot september geldig, dus dat is zó gebeurd.

Koop je CJP bij een ABN-kantoor, het gemeentehuis, theater, VVV, bibliotheek of stuur de aanvraagbon in.

Aanvraagbon
Stuur mij een accept-girokaart voor een CJP.
Na betaling krijg ik mijn CJP binnen vier weken thuisgestuurd.

Naam: ______________________

Straat: ______________________

Postcode: ______________________

Woonplaats: ______________________

Geboortedatum: ______________________

Knip deze bon uit en stuur hem op.
Een postzegel is niet nodig.

F

aanbieden
afkomen (op)
afpakken
het amateurtoneel
angstig
de arts
de basiliek
begrijpelijk
behandelen
behoorlijk
beïnvloeden
het bestaan
beschouwen (als)
het bezit
het bezwaar
breed
het brugwachtershuis
het cadeau
het dagboek
het decor
de dominee
de dood
doordringen
dromen

eenzaam
de eer
— ter ere van
evenals
de excursie
filosofisch
de gebeurtenis
het gedeelte
geestelijk
groeien
hardop
heilig
de hoofdstad
het hotel
de inhoud
de inrichting
de inspiratie
inwijden
de islam
de islamiet
de kern
komisch
de kunstenaar
lachen

de laserstraal
leeg
de leider
de leraar
de letter
de massa
de militair
de minaret
de moskee
de muur
naderen
het najaar
neerzetten
de pastoor
de paus
het plein
de pop
de president
de rechter
de roman
het schilderij
de schrijver
de serie
de souffleur

de stijl
de stilte
de taal
de tekst
terugbrengen (tot)
het toneel
de toneelvereniging
de uitdrukking
uitoefenen
verstandig
vertalen
het vertrek
zich vestigen
voldoende
het voorjaar
de voorwaarde
voorzien (van)
vrezen
weliswaar
wijzen
zichtbaar
zorgvuldig

28 Dat is bij ons niet het geval

A 1 Nederland en de Nederlanders

Hier volgen enkele meningen van buitenlanders over Nederland en de Nederlanders.

Enrico
Het is moeilijk iets te zeggen over alle Nederlandse mensen, omdat het land twaalf provincies heeft en in elke provincie wonen andere mensen. In het noorden wonen rustige en eerlijke mensen. Als iemand uit het noorden zegt dat hij je zijn vertrouwen schenkt, dan meent hij dat ook. In het westen wonen vrolijke en nieuwsgierige mensen. Op het eerste gezicht maken ze gauw vrienden, maar dat duurt meestal niet lang: als je ze nodig hebt, zijn ze je vrienden niet meer. In het zuiden wonen mensen die gezellig zijn en van feesten houden. Ik vind hen de aardigste Nederlanders.

Cliff
Om zes uur 's avonds is er dus de nationale maaltijd en dan hoef je bij niemand langs te komen. Ben je toevallig om die tijd toch bij iemand, dan wordt er gewacht met het eten tot je weg bent. Gasten komen nooit toevallig maar worden altijd uitgenodigd.

Yasmin
Nederland heeft ook veel bescheiden mensen. In Marokko is het heel bijzonder als je een arts kunt spreken maar in Nederland zie je vaak dat mensen die heel belangrijk werk doen, toch gewone mensen blijven.

Feiza
Het was voor mij een verrassing om te zien hoeveel honden en poezen er in Nederland zijn, soms denk ik dat ieder mens een dier heeft.

Ik denk voor de veiligheid maar ook voor de gezelligheid: dieren worden vaak als mensen behandeld. Als het koud is, zie je honden met mutsen op en dassen om. Laatst zag ik zelfs een dierenambulance rijden. Dat is wel raar als je dat ziet en je bedenkt dat er in je eigen land een groot gebrek aan ziekenauto's voor mensen is. Dan is voor je gevoel het verschil wel erg groot.

Omar

Als je op straat loopt, zie je veel sombere en maar weinig vrolijke gezichten: bijna niemand lacht en de mensen zien er vaak moe uit. Veel mensen zijn niet tevreden over hun situatie. In mijn land, daar zijn de mensen arm maar ze lachen veel. Dat mis ik hier wel.

Naar: *Groningse Dossiers*, 1982.

Beata

In Nederland ben je in de gelukkige positie dat je kunt studeren en lezen wat je wilt. En als je een mening hebt, dan kun je die gewoon hardop zeggen zonder bang te zijn. Dat is jammer genoeg bij ons niet het geval.

Ontevredenheid/Teleurstelling uitdrukken

Ik ben niet tevreden (over) ...	Veel mensen zijn niet tevreden over hun situatie.
jammer genoeg	En als je een mening hebt, kun je die gewoon hardop zeggen zonder bang te zijn. Dat is jammer genoeg bij ons niet het geval.
helaas	Op het eerste gezicht maken ze gauw vrienden, maar dat duurt helaas niet lang: als je ze nodig hebt, zijn ze je vrienden niet meer.

28 B 2 Dialectschrijvers in Doetinchem

Verleden week zaterdag vond in Doetinchem het eerste congres plaats van dialectschrijvers uit Friesland, Groningen, Drenthe, Overijssel en Gelderland. Daar bleek dat het verschijnsel dialect heel levend was. De zaal zat vol met lezers en schrijvers die beschouwingen hielden over dialect-literatuur. Er waren ook boeken: alleen al uit de Achterhoek en Twente lagen er 25 boeken die nu verkrijgbaar zijn.
In Nederland worden zo'n 25 dialecten gesproken, in de stad (bijvoorbeeld het Haags) of op het platteland (bijvoorbeeld het Limburgs). De Academie van Wetenschappen doet reeds sinds 1930 onderzoek naar de dialecten in Nederland. De onderzoekers doen dit zowel door middel van vragenlijsten als door het maken van geluidsopnamen. Er wordt geprobeerd taalkaarten van Nederland te maken. Zo heeft Jo Daan een kaart gemaakt voor het woord 'zoen'.

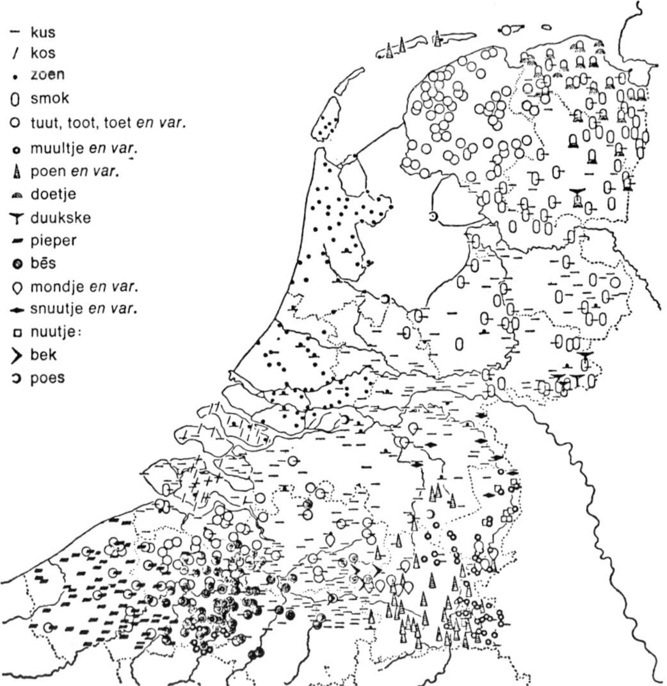

Ook worden er woordenboeken van dialecten gemaakt.
De meningen over dialecten zijn in twee kampen te verdelen. De tegenstanders menen dat ze de kansen van hun kind op school kleiner maken door thuis dialect te spreken. De voorstanders zijn van mening dat het dialect noch plat noch minderwaardig is.
Kort geleden bleek uit een onderzoek, gehouden in een aantal dorpen, dat 88 % het eens was met de bewering 'In een dialect kan men even goed denken als in de standaardtaal'. En met de bewering 'De standaardtaal is mooier dan het dialect ', was maar 29 % het eens.

Vooral onder jongeren is er een groeiende belangstelling voor de taal van hun streek: wie dialect spreekt, wil het bewaren. 'Ik heb niet zoveel houvast in het leven', merkte de Drentse schrijver Roel Reyntjes in Doetinchem op, 'maar ergens moet je je identiteit zoeken en dat is voor mij het dialect.'

Naar: *Groningse Dossiers*, 1981.

Zowel ... als

***Zowel ... als* wordt gebruikt bij een opsomming van twee of meer personen/dingen.**

De onderzoekers doen dit *zowel* door middel van vragenlijsten *als* door het maken van geluidsopnamen.
In Doetinchem waren *zowel* streektaalschrijvers *als* schrijvers in de standaardtaal aanwezig.

Hetzij ... hetzij ...

***Hetzij ... hetzij ...* wordt gebruikt bij een keuze uit twee of meer personen/dingen, vooral in de schrijftaal.**

De vergadering van schrijvers zal *hetzij* 's middags, *hetzij* 's avonds plaatsvinden.

C o-o 3 Ons geloof moet het beste zijn

Wim Weggemans (17 jaar) vertelt over zijn ervaringen met het geloof en met zijn kerk.

Wim Weggemans Geloven geeft veiligheid, er is altijd iemand die je ziet of hoort. Die iemand is natuurlijk God. En als je gelooft, geloof je ook — tenminste ik — dat je leven na de dood niet eindigt, maar dat je na dit leven nog een leven krijgt. Je ziel leeft verder. In de hemel als je bekeerd bent, en in de hel als je niet bekeerd bent. De hemel verdienen kan alleen via God. Je moet een kind van God zijn. Hij beoordeelt of je in de hemel of in de hel komt.

Interviewer Er zijn heel veel godsdiensten op de wereld. Hoe weet je nou of jouw geloof het beste is?

Wim Weggemans Nou, dat weet ik gewoon. Ons geloof moet het beste zijn, want wij hebben de Bijbel en daar staat alles toch heel helder in? De Bijbel is heel oud en is het woord van God. Dat is althans onze opvatting.

Interviewer Ja, en als je nou eens een nare gebeurtenis meemaakt in je leven, ben je dan wel eens boos op God?

Wim Weggemans Nee hoor, dan weet je dat je dat verdient. De mens is slecht en God laat door zijn daden zien dat je die straf verdient. Zo'n straf komt nooit voor niets, dat is onmogelijk. Het zou dom zijn om boos te worden.

Interviewer Hoe blijkt nou in je dagelijks leven dat je gelooft?

Wim Weggemans Nou, je moet altijd proberen voor God te leven. In onze kerk, de Gereformeerde Gemeenten, houden we ons heel strak aan het woord van God. Wij zijn strenger dan de Katholieke Kerk bijvoorbeeld. We gaan op zondag twee keer naar de kerk en de vrouwen moeten een hoed op als we naar de kerk gaan. We zingen liederen bij het orgel en bidden ter ere van God. Onze diensten duren lang, meer dan een uur. Op zondag mogen we ook niet werken of het huis schoonmaken of een partijtje tennissen.

Interviewer Zijn er verschillende gereformeerde kerken?

Wim Weggemans Ja, de onze is één van de strengste. In de gewone Gereformeerde Kerk hoef je geen hoed op en daar mag je ook meer op zondag. Wij geven op een andere manier gestalte aan ons geloof.

Interviewer Mag jij nou bijvoorbeeld naar de disco?

Wim Weggemans Nee, dat doen we niet. Ik vind dat we daar niet naartoe kunnen. En als ook de dominee zegt dat je niet mag dansen, dan heb je daar toch niets te zoeken? Dan kom je maar in slecht gezelschap, dat is het gevaar.

Interviewer Ben je lid van een politieke partij?

Wim Weggemans Ja, van de SGP[1]-jongeren. Mijn ouders stemmen ook op de SGP en dat doe je dan ook. De SGP wil regeren volgens de Bijbel.

Interviewer Wim, ga je wel eens om met mensen die anders geloven dan jij?

Wim Weggemans Ja, dat wel. Zulke mensen zie je op je werk bijvoorbeeld. Maar je zou er toch nooit vrienden mee worden. Dat is tenminste mijn indruk. Je kunt toch niet hetzelfde leven als zij, dus het heeft gewoon geen zin.

[1] SGP = Staatkundig Gereformeerde Partij

Naar: *Keesings Blikopener*, september 1989.

Zo'n, zulk(e)

***Zo'n* en *zulk(e)* hebben dezelfde betekenis.**

zo'n < zo + een	voor een telbaar zelfstandig naamwoord in het enkelvoud
zulk	voor een niet-telbaar het-woord in het enkelvoud
zulke	— voor een niet-telbaar de-woord in het enkelvoud — voor alle zelfstandige naamwoorden in het meervoud

Zo'n straf komt nooit voor niets. (de straf)

Met *zulk* weer ga ik niet naar buiten. (het weer)

In die disco draaien ze *zulke* harde muziek dat je niet met elkaar kunt praten. (de muziek)

— Ga jij wel eens om met mensen die anders geloven dan jij?
— Ja, dat wel. *Zulke* mensen zie je op je werk bijvoorbeeld. (de mensen)

4 Identiteit vermist

Voordat zij in januari 1990 op 89-jarige leeftijd stierf, vernietigde de Britse miljonaire Dorothea Allen al haar identiteitsbewijzen en brieven. De weduwe van een rijke generaal liet 7,2 miljoen gulden na maar geen kinderen en geen familie en verder waren er helemaal geen papieren, zelfs geen paspoort. Het aantal mensen dat beweert familie van haar te zijn, groeit met de dag.

Volgens de Britse wet hebben mensen die denken recht te hebben op een erfenis twaalf jaar de tijd om te bewijzen dat ze familie van de overledene zijn. Als ze daar niet in slagen, krijgt de Britse staat de erfenis.

De regering heeft opdracht gegeven alles wat ze bezat te verkopen: een Rolls Royce, een vliegtuig, zilveren vazen, veel gouden ringen, horloges en nog veel meer. Bovendien was er nog een schitterend oud huis, boven op een heuvel vlak bij een rivier. De totale opbrengst was ruim tien miljoen gulden.

Volgens Chris West, een journalist van de Daily Telegraph, trachtte Allen opzettelijk alle details van haar verleden te doen verdwijnen. 'Er zijn stemmen die fluisteren dat zij indertijd uit een eenvoudige familie kwam, een rijke man trouwde en dat ze in de herinnering wilde blijven leven als een rijke dame'.

Allen's boekhouder, de 82-jarige Leslie Stratford, gelooft dat het zijn werkgeefster gelukt is haar verleden vrijwel geheel te doen verdwijnen. Terwijl hij rustig aan zijn pijp trekt en wolken rook de kamer inblaast, zegt hij glimlachend: 'Ik ben er stellig van overtuigd dat niemand ooit achter de waarheid zal komen'.

Naar: *de Volkskrant*, 13 september 1990

Iets toevoegen

verder	De weduwe liet 7,2 miljoen gulden na maar geen kinderen en geen familie en verder waren er helemaal geen papieren, zelfs geen paspoort.
bovendien	De regering heeft opdracht gegeven alles wat ze bezat te verkopen: een Rolls Royce, een vliegtuig, zilveren vazen, veel gouden ringen, horloges en nog veel meer. Bovendien was er nog een schitterend oud huis, boven op een heuvel vlak bij een rivier.

E 5 Nederland Museumland

Nederland heeft veel musea. In elk van de twaalf provincies hebben we in een museum een voorwerp uitgezocht dat iets vertelde over de geschiedenis van die provincie.

Groningen

In Groningen heeft Allard Meijer (1654), architect en timmerman, veel moois gemaakt. In de Menkemaborg in Uithuizen staan van hem een paar prachtige houten schoorsteenmantels en bovendien een heel mooi hemelbed.

Friesland

In Moddergat, in het uiterste Noorden van Friesland vormen vier visserswoninkjes het museum van Moddergat. Door middel van tentoonstellingen in deze huisjes kunnen de mensen het verleden van dit dijkdorp zien. Dit jaar staat de vissersvrouw centraal.

Drenthe

In het Drents museum in Assen zagen we zes lijken die bij het turfsteken in het veen gevonden zijn. Ze dateren uit het begin van de jaartelling.

Overijssel

In de Oudheidkamer in Vriezenveen staat een prachtige koperen Russische samovar, een instrument om water warm te maken.

Flevoland

In het Flevolands Museum voor Scheepvaartarcheologie ligt het wrak van een 17e eeuws koopvaardijschip. Op weg naar Amsterdam liep het bij Urk aan de grond. Het zat vol Spaanse wijn en zuidvruchten. Dit wrak geeft veel informatie over de Nederlandse scheepsbouw in de 17e eeuw.

Gelderland

Op de paleontologische afdeling van Museum Freriks in Winterswijk zagen we schitterende versteende pootafdrukken van sauriërs, de voorvaderen van de dinosaurus.

Utrecht

In het Centraal Museum bevindt zich een heel mooi poppenhuis uit de Gouden Eeuw. Het heeft elf kamers gemaakt van notehout. Alles is echt: tinnen bordjes, porselein, potjes, pannetjes en in de salon hangt zelfs een schilderijtje van een bekend kunstenaar.

Noord-Holland

In het Westfries Museum in Hoorn hangt een schilderij van Hoorn gezien vanuit zee, geschilderd door Hendrik Cornelis Vroom met een schitterende wolkenhemel.

Zuid-Holland

In het Postmuseum in Den Haag kan men in zeven zalen de hele ontwikkeling van post, telefoon en telegrafie zien. Zo is er een compleet postkantoor uit 1912 met een handbediende telefooncentrale. Verder zijn er prachtige postzegels.

Noord-Brabant

In het Noord-Brabants Museum in Den Bosch vonden we heel mooie mutsen, typisch Brabantse mutsen van kant en met linten.

Zeeland

In Veere staat in het museum De Vierschaar een zilveren wijnbeker (sinds 1558 in het bezit van de stad Veere).

Limburg

In het Mijnmuseum in Kerkrade staat een apparaat uit 1700 dat diende om grondwater dat in de kolenmijnen van Limburg voor problemen zorgde, op te pompen. Als waterleiding dienden uitgeholde boomstammen.

Naar: *Vakantie-Magazine*, 1988.

de academie
althans
arm
bekeren
beoordelen
bescheiden
de beschouwing
beweren
de bewering
bewijzen
bezitten
bidden
de bijbel
de boekhouder
het congres
de daad
daarnaartoe
het detail
het dialect
de dialectliteratuur
de dialectschrijver
de dierenambulance
de disco
dom
eindigen
fluisteren
geheel
het geloof
de geluidsopname
de generaal
gereformeerd
de gestalte
— gestalte geven (aan)
het gevaar
het gevoel
het gezelschap
glimlachen
de hel
helder
de heuvel
het horloge
het houvast
de identiteit
het identiteitsbewijs
inblazen
indertijd
de indruk
het kamp
het lied
het middel
— door middel van
de miljonaire
minderwaardig
missen
moe
naar (bn)
nalaten
de onderzoeker
onmogelijk
de opbrengst
de opdracht
opmerken
de opvatting
opzettelijk
het orgel
overtuigen (van)
de partij
— een partijtje tennis
de pijp
plat
het platteland
de positie
de provincie
reeds
de ring
de rivier
de rook
schenken
somber
de staat
— de Britse staat
staatkundig
de standaardtaal
stellig
sterven
de straf
strak
de streek
de taalkaart
de tegenstander
trachten
de vaas
verkrijgbaar
verleden
het verleden
vermissen
vernietigen
de verrassing
het verschijnsel
het vertrouwen
de voorstander
de vragenlijst
vrijwel
de waarheid
de weduwe
de werkgeefster
de wetenschap
de wolk
de zaal
de ziekenauto
de ziel
de zoen

9 Onder water

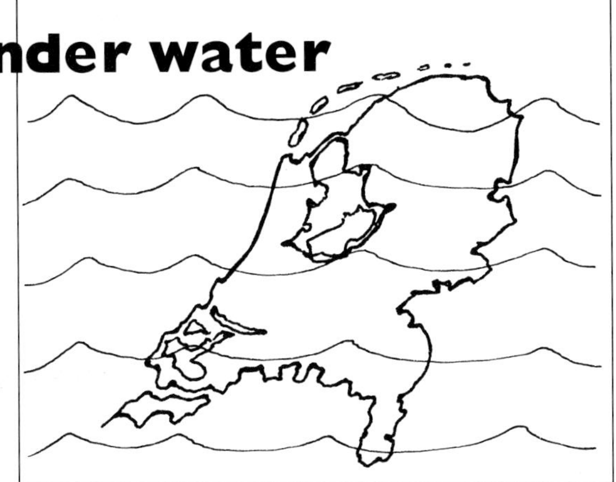

A o-o 1 Het waterschap

Nederland bestaat voor een groot gedeelte uit polders. Weinig mensen weten hoeveel werk dit dagelijks met zich meebrengt. Er is immers een groot verschil tussen het lage land van de polder en het hoge land daarbuiten. Als de stand van het water in de polder te hoog wordt, moet het water weggepompt worden. Dat gebeurt met een gemaal. De mensen die bij het waterschap werken, moeten ervoor zorgen dat de stand van het water goed is. We hebben hier in de studio meneer Leemans. Hij heeft een functie bij het waterschap Vallei en Eem.

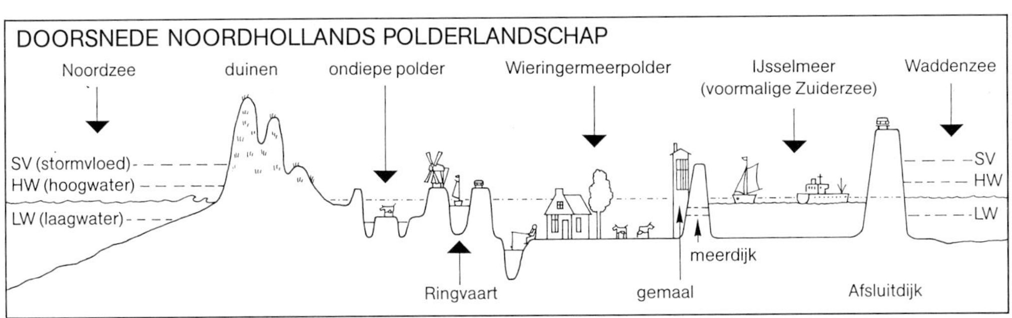

Interviewer — Meneer Leemans, een beetje water meer of minder in de polder, dat maakt toch niet zoveel uit? Ik bedoel: zolang de koeien niet blijven steken in de grond, hoef je je toch geen zorgen te maken?

Leemans — Was het maar waar! Enkele centimeters water teveel kan al slechte gevolgen hebben voor de landbouw. We moeten de stand van het water dus scherp in de gaten houden.

Interviewer We gaan even terug in de geschiedenis. De eerste waterschappen zijn ontstaan in de 14e eeuw …

Leemans Ja, rond 1400 wordt de windwatermolen uitgevonden. Dan komen de eerste polders droog te liggen. Later gebruikt men elektrische gemalen. In totaal is er 600 000 hectare land gewonnen. Elders gingen ook weer 500 000 hectare verloren. Ondanks de zorg van de waterschappen is het water de mens namelijk toch nog regelmatig de baas geweest. Vanaf de 13e eeuw zeker twintig keer. De laatste en meest bekende ramp was die van 1 februari 1953, toen grote delen van Zeeland en Zuid-Holland onder water zijn gelopen en er 1800 mensen zijn verdronken. Enkele jaren daarna heeft de Tweede Kamer de zogenaamde Deltawet aangenomen. Men besloot toen dat alle grote wateren tussen de Zeeuwse en Zuidhollandse eilanden moesten worden afgesloten. Als dat klaar is, moeten de dijken langs de rivieren ook nog versterkt worden om het water voldoende te keren.

Interviewer Heeft het Nederlandse volk dan de strijd tegen het water gewonnen?

Leemans Nee, zeker niet. Die strijd zal ook in de toekomst gevoerd moeten worden, of liever: juist in de toekomst. Doordat de zeespiegel stijgt en het land daalt, blijft het water onze vijand. De laatste 2000 jaar is de zeespiegel maar liefst 340 cm omhoog gekomen. Doordat het warmer wordt, smelt het ijs op de Noord- en Zuidpool langzaam. Als dit zo doorgaat, zal de zeespiegel nog 60 meter stijgen.

Interviewer Met andere woorden: dan verdwijnt de helft van Nederland spoedig onder water.

Leemans Als we er niets aan zouden doen wel, ja.

Naar: *Handelspost*, 4 oktober 1990.

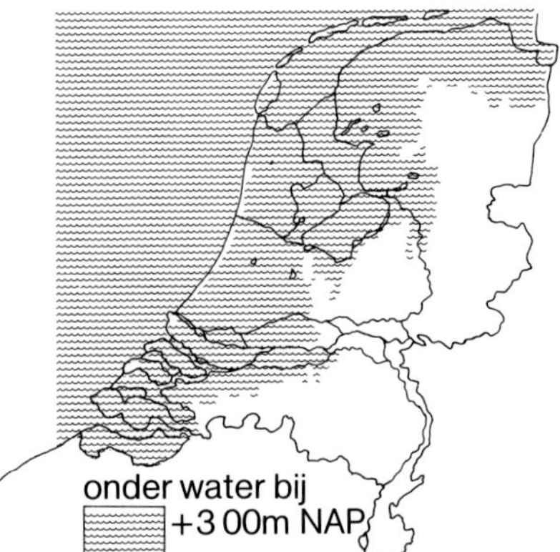

Iets verduidelijken

Ik bedoel	Een beetje water meer of minder in de polder, dat maakt toch niet zoveel uit? Ik bedoel: zolang de koeien niet blijven steken in de grond, hoef je je toch geen zorgen te maken?
... of liever:	De strijd tegen het water zal ook in de toekomst gevoerd moeten worden, of liever: juist in de toekomst.
Met andere woorden	— Als dit zo doorgaat zal de zee nog eens 60 meter stijgen. — Met andere woorden: dan verdwijnt de helft van Nederland onder water.

B 2 Windmolens

Windenergie staat de laatste vijftien jaar erg in de belangstelling. De oorzaken daarvan zijn de volgende: Het gebruik van kolen, olie en gas voor de produktie van elektriciteit levert steeds meer bezwaren op. De hoeveelheden zijn immers beperkt en bovendien veroorzaakt de produktie van elektriciteit op basis van kolen, olie of gas zure regen. Windenergie echter is schoon en wind zal er altijd zijn.

Ook kernenergie kan kolen, olie en gas vervangen, maar dat heeft enkele nadelen: in tegenstelling tot windenergie is kernenergie vuil; bij de produktie van kernenergie ontstaat een hoeveelheid afval die we niet goed kunnen verwijderen. Bovendien bestaat er altijd het gevaar voor ongelukken met vreselijke gevolgen. Vandaar dat zowel particulieren als bedrijven en de overheid belangstelling toonden voor windenergie. De eerste moderne windmolens werden rond 1985 gebouwd. Vooral op de Waddeneilanden, die qua ligging zeer geschikt zijn voor windmolens omdat het er bijna altijd waait, zijn er heel wat geplaatst. Daar vinden we zo'n 40 grotere en kleinere windmolens die elektriciteit produceren. De windmolen leek het produkt van de toekomst te gaan worden. Er werden overal bedrijfjes opgericht die windmolens gingen produceren. Maar jammer genoeg blijkt de windmolen niet zo in trek als men eerst hoopte. Dat heeft verschillende oorzaken:

- Een windmolen is duur, in deze tijd eigenlijk té duur.
- De prijs van de olie is lange tijd gedaald, daardoor zijn bedrijven niet zo geïnteresseerd in windenergie.
- Het is erg moeilijk om een vergunning te krijgen voor het plaatsen van een windmolen op je dak.

Naar: *Keesings Blikopener*, Amsterdam 1989.

Zinnen met meer dan één hulpwerkwoord

Als een zin meer dan één hulpwerkwoord heeft, krijgt het tweede (derde) hulpwerkwoord de vorm van een infinitief.

	hulpww	voltooid deelwoord	hulpww (inf)	hulpww (inf)	infinitief
Hij	**gaat**				vissen.
Hij	*kan*		**gaan**		vissen.
Hij	moet		*kunnen*	**gaan**	vissen.
Het water	**wordt**	afgesloten.			
Het water	*moet*	afgesloten	**worden.**		
Het water	zal	afgesloten	*moeten*	**worden.**	

De windmolen *leek* het produkt van de toekomst *te gaan worden*.
De strijd tegen het water *zal* ook in de toekomst *gevoerd moeten worden*.

C 3 Gesprek met een visser

Voor veel dorpen aan de Nederlandse kust van Noordzee en IJsselmeer is het water een belangrijke bron van bestaan geweest. Lange tijd leek de zee steeds meer te geven. Er kwamen meer en grotere schepen, betere methoden om de vis te vangen; het ging goed in de visserij. Totdat de onderzoekers met andere berichten kwamen: de zee wordt leeggevist, de jonge vis krijgt geen kans om te groeien omdat ze nergens met rust gelaten wordt. In 1974 worden er in Europees verband afspraken gemaakt: bepaalde soorten vis (onder andere haring en kabeljauw) mogen nog maar met mate gevangen worden. Per land wordt een hoeveelheid vastgesteld.
We praten hierover met Nan Rotgans, een visser uit Den Oever (op het vroegere eiland Wieringen), waar zo'n 40% van de bevolking van de visserij leefde.

Interviewer Wat gebeurde er in 1974, toen die eerste afspraken gemaakt werden, op Wieringen?

Nan Rotgans Nou, eerst niks vanzelf. Want ja, je denkt natuurlijk allemaal: die onderzoekers hebben er geen verstand van. Die hebben toevallig het verkeerde emmertje water onderzocht. Ja. En wij voeren iedere dag op zee en zagen nog steeds grote hoeveelheden vis, dus we gingen evengoed door. Controle was er ook niet. Later is daar wel verandering in gekomen; toen is de regering gaan controleren en toen zijn er nieuwe maatregelen getroffen.

Interviewer En wat hielden die maatregelen in?

Nan Rotgans In 1989 kwam er een regeling dat ieder schip nog 200 kisten vis per week mocht vangen. Nou, in een kist zit 40 kilo. En dan heb ik het over kabeljauw, want daar vissen de meeste Wieringers op. In 1990 mochten er niet meer dan 60 kisten per week aangevoerd worden. En behalve die regeling is er ook nog een andere: per maand mag ieder schip maar een bepaald aantal dagen vissen. En dan zijn er nog speciale plaatsen waar het verboden is te vissen, waar de jonge kabeljauw zit. Ja, en dan denk je: Wat nu? Want de controle werkt intussen ook goed, dus illegaal verkopen is onmogelijk. Dat hebben we eerst wel gedaan, maar ja, dat hebben we opgegeven. Trouwens, zoals het nu is, komen veel schepen niet eens meer aan die 60 kisten.

Interviewer Dus de onderzoekers hadden toch gelijk?

Nan Rotgans Ja, in zoverre wel, ja.

Interviewer Wat betekent dat nou voor de vissers?

Nan Rotgans Veel minder verdiensten natuurlijk. We moeten elk dubbeltje omdraaien. En minder werk. Vroeger was je een hele week op zee; we visten toen veel boven Duitsland, en nu zijn we in twee, drie dagen weer bij moeder thuis. Ja, dat is een heel ander leven.

Interviewer En voor het dorp?

Nan Rotgans Voor het dorp heeft het vanzelf ook grote gevolgen. Er waren 45 schepen die op kabeljauw visten, en nu zijn er nog 20. Dat betekent 25 die het niet gered hebben. Voor alle bedrijven en winkels is dat ook een slag: de groenteboer en de slager brengen iedere zaterdag minder naar de haven en de scheepswerf heeft niet zoveel te repareren, en ga zo maar door.

Interviewer Maar zien de mensen in het dorp het nog wel zitten?

Nan Rotgans Ja, nu wel weer. In het begin wisten we niet wat we moesten doen. Sommige mensen wisten zich echt geen raad. Want u moet weten dat het de visserij altijd goed was gegaan. Ook als het slecht ging met de economie, bleef de visserij buiten schot. Vis blijven de mensen altijd eten, ik bedoel: vlees laten ze staan omdat het te duur is, maar vis niet. En nu zijn de vissers zelf het slachtoffer. Maar ja, je went eraan en gelukkig is er nu weer meer ander werk. Het ziet er wat minder somber uit. Maar het blijft natuurlijk verrèkte jammer dat het zo gelopen is.

Wanhoop uitdrukken

Wat nu?	Ja, en dan denk je: wat nu?
Ik geef het op	Illegaal verkopen is onmogelijk. Dat hebben we eerst wel gedaan, maar dat hebben we opgegeven.
Ik zie het niet meer (zitten)	— Zien de mensen in het dorp het nog wel zitten? — Ja, nu wel weer.
Ik weet (echt) niet (meer) wat ik moet doen	In het begin wisten we niet wat we moesten doen.
Ik weet me geen raad	Sommige mensen wisten zich echt geen raad.

Toen en dan

Toen/dan (bijwoord) = 1 daarna
2 op dat moment, in die tijd

***Toen* komt altijd voor in combinatie met een verleden tijd.**
***Dan* wordt meestal gebruikt met een tegenwoordige tijd.**

1 daarna	Ze hebben eerst in de polder gewandeld en *toen* zijn ze gaan vissen. Eerst moeten de grote wateren worden afgesloten en *dan* moeten de rivieren versterkt worden.
2 op dat moment, in die tijd	Controle was er ook niet. Later is daar wel verandering in gekomen; *toen* is de regering gaan controleren en *toen* zijn er nieuwe maatregelen getroffen. Ja, en *dan* denk je: Wat nu?

4 Wees wijs met water

Hoeveel water gebruiken we in Nederland per dag? Deze vraag werd laatst door een verslaggever van de televisie aan een aantal mensen gesteld. De meesten dachten dat het zo'n 40-50 liter was. Maar het is gemiddeld 125 liter per persoon per dag. We behoren daarmee tot de gemiddelde waterverbruikers van Europa en zitten ruim onder het gemiddelde van Amerika. Als we het echter vergelijken met Afrika of Azië dan is 125 liter per dag natuurlijk enorm veel. Daar gebruiken de mensen gemiddeld 30-40 liter per persoon per dag.

Hier zien we waar die 125 liter voor gebruikt wordt.

Het gemiddeld huishoudelijk waterverbruik in liters per persoon per dag.

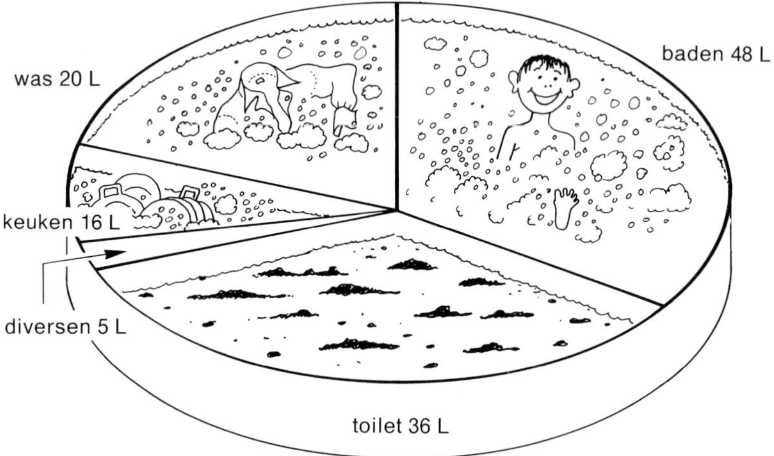

Omdat de bevolking blijft groeien, blijft de vraag naar water ook steeds toenemen. Daarom is het goed om eens kritisch te kijken naar het gebruik van water. Kunnen we niet wat minder water gebruiken?

Enkele tips om zuiniger met water om te gaan.

1 Ga niet te vaak in bad.
Onthoud dat voor een bad 100 liter water meer nodig is dan voor een douche. Als u wat minder vaak in bad gaat en wat meer onder de douche, scheelt dat dus telkens 100 liter!

2 Laat nooit een kraan voor niets openstaan.
Denk eraan bij het tanden poetsen dat de kraan niet voor niets openstaat: terwijl u poetst de kraan gewoon dichtdoen dus.
En om schoon te worden hoeft u ook geen uren onder de douche te staan!

3 Lekkende kraan?
Doe er wat aan!

Een lekkende kraan lekt 2 tot 2.5 liter water per uur. Een jaar heeft 8766 uren. Per jaar wordt er dus 20 000 liter water verspild met één lekkende kraan. Behalve het water kost dat u ook nog eens f 30,–. Zet er dan liever een nieuw kraanleertje in van een kwartje!

ZO'N FRISSE VAKANTIEVRIEND LAAT JE TOCH NIET LOPEN.

OOK OP DE WADDEN BEN JE WIJS MET WATER.

4 Zuinig doorspoelen

Te weinig water gebruiken om het toilet door te spoelen is niet hygiënisch. Maar zuinig doorspoelen kan wel. Hiervoor bestaan speciale stortbakken, waarmee je op twee manieren kunt doorspoelen: weinig water voor een plas, de volle hoeveelheid voor een grote boodschap. Als alle zes tot zeven miljoen stortbakken in Nederland zo zouden doorspoelen, zou er heel wat minder water gebruikt worden.

Naar: *Energie en water*, nummer 68, voorjaar 1990.

Een verzoek doen

imperatief	Ga niet te vaak in bad. Laat nooit een kraan voor niets openstaan. Zet er liever een nieuw kraanleertje in. Gaat u daar maar zitten.
infinitief	Gewoon dichtdoen dus. Instappen alstublieft. Langzaam rijden.
beknopte zinnen	— Zal ik de radio aanzetten? — Alsjeblieft niet te hard. Stilte alstublieft!

29 E 5 Een verwarrende harmonie

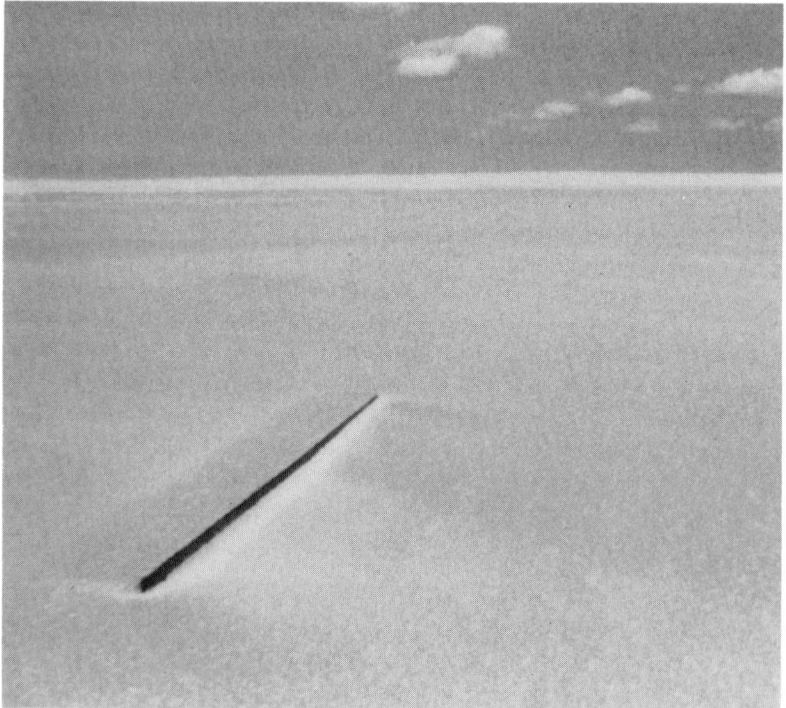

Iedereen die wel eens langs het strand loopt, kent ze, die onbestemde, aangespoelde voorwerpen.

Soms raak je ze even met je voet aan om te kijken wat het is, soms raap je het op — om het na honderd meter weer weg te gooien omdat, eenmaal losgerukt van het strand, de kracht er uit wegvloeit.

Natuurlijk: troep is het, junk die er niet zou horen te liggen.

Maar tegelijkertijd, zoals ze daar liggen in een omgeving die ze wezenlijk vreemd is, stralen ze een merkwaardige, een onbedoelde schoonheid uit. Wind en stroming hebben er vaak voor gezorgd dat het zand de vormen en patronen van het voorwerp heeft overgenomen waardoor het nauwelijks is te bepalen waar het landschap ophoudt en het voorwerp begint. Een verwarrende harmonie.

De aantrekkingskracht van deze verloren dingen wordt versterkt door het gevoel van weemoed en verlangen dat ze kunnen oproepen. Een wonderlijk model schoen, een half leesbaar woord, een blik met Chinese tekens — ieder voorwerp lijkt een verhaal van verre kusten en onbekende bestemmingen te vertellen.

Overigens is hun verschijning maar van korte duur: bij de eerstvolgende vloed kan alles weer verdwenen zijn. Het is alsof deze gedoemde voorwerpen nog éénmaal mogen schitteren voordat ze voorgoed onder het zand zullen verdwijnen.

Uit: *Waddenbulletin*, 1988-1. Tekst en foto: Toon Fey.

6 Herinnering aan Holland

Denkend aan Holland
zie ik brede rivieren
traag door oneindig laagland gaan,
rijen ondenkbaar
ijle populieren
als hoge pluimen
aan den einder staan;
en in de geweldige
ruimte verzonken
de boerderijen
verspreid door het land,
boomgroepen, dorpen,
geknotte torens,
kerken en olmen
in een groots verband.
de lucht hangt er laag
en de zon wordt er langzaam
in grijze veelkleurige
dampen gesmoord,
en in alle gewesten
wordt de stem van het water
met zijn eeuwige rampen
gevreesd en gehoord

H. Marsman

F

aanvoeren
afsluiten
de baas
— iemand/iets de baas zijn
de bron
daarbuiten
het dak
dichtdoen
de dijk
doorspoelen
de economie
het eiland
de elektriciteit
elektrisch
de emmer
evengoed
de functie
het gemaal
het gemiddelde
de geschiedenis
de hectare
hygiënisch
illegaal
keren
de kernenergie
de kist
de kolen
de kraan
het kraanleertje
leegvissen
de ligging
de liter
de maatregel
mate
— met mate
meebrengen
de methode
de olie
omdraaien
openstaan
de plas
de polder
het produkt
de produktie
qua
de regeling
de rust
— met rust laten
de scheepswerf
scherp
het schot
— buiten schot blijven
de slag
de slager
smelten
spoedig
steken
— blijven steken (in)
de stortbak
de tegenstelling
teruggaan
de tip
treffen
— maatregelen treffen
uitvinden
de vallei
vandaar
vangen
varen
de verandering
de verdienste
de vergunning
verrekt
— verrekte jammer
verspillen
het verstand
— verstand hebben van
versterken
vervangen
verwarren
verwijderen
de vijand
vissen
de visser
de visserij
het volk
vuil
het waterschap
de waterverbruiker
wegpompen
de windenergie
de windmolen
de windwatermolen
winnen
de zeespiegel
zover
— in zoverre
zuinig

30 Moest je je ook aanpassen?

A

1 Wereldmuziek

Half vijf, een middag in augustus. In de grote zaal van de Amsterdamse Muziekschool aan de Bachstraat slaan twee Nederlandse jongens en een Marokkaans en een Chileens meisje samen onder leiding van de Surinamer Glenn Hahn op hun houten instrumenten. Diepe tonen klinken door het hele gebouw. Hahn doet het Guinese Yankadi-ritme voor: 'Poedoe pada podoe dieng.' De leerlingen staren naar Glenn en proberen om de beurt te spelen, zodra deze met zijn stok het ritme aangeeft. Als een van de spelers opkijkt, veegt hij het zweet van zijn gezicht af. Iedereen geniet: dit heet werken maar het lijkt meer op een feestje.
We zijn te gast bij Huub Schippers, directeur van de Wereldmuziekschool.

Interviewer Meneer Schippers, ik heb gehoord dat er veel belangstelling is voor wereldmuziek?

Schippers Ja, de leerlingen staan echt te dringen voor onze cursussen. Met de 300 leerlingen die zich inmiddels hebben opgegeven, zijn al onze plaatsen bezet. We proberen nu meer subsidie te krijgen zodat we meer cursussen kunnen organiseren.

Interviewer Wat is het doel van de Wereldmuziekschool?

Schippers Wij richten ons al jaren op het scheppen van meer begrip en interesse voor niet-westerse muziek. Dat willen we met deze lessen bereiken. Waarom we nu pas succes hebben, dat weet ik niet precies. Waarschijnlijk zijn er verschillende oorzaken. Ten eerste het groeiend aantal allochtonen in Nederland. Over twee jaar zijn er meer dan 50% allochtone kinderen in Amsterdam. Ten tweede maken de mensen tegenwoordig vaak verre reizen. Zo wordt de belangstelling gewekt voor verschillende culturen. Trouwens ook op de televisie zien de mensen veel films over het buitenland. En een derde oorzaak is misschien dat de westerse muziek op het moment niet zo interessant is. De muziek van de twintigste eeuw heeft het contact met het publiek een beetje verloren. Daardoor grijpen mensen makkelijker naar andere instrumenten.

Interviewer Voor wie zijn de lessen bedoeld?

Schippers Wij willen verder gaan dan de meeste projecten voor allochtonen. Naast Turkse kinderen kunnen namelijk ook Nederlanders lessen volgen op de saz, een Turks instrument. Zo ontstaat op een natuurlijke manier een integratie van verschillende maatschappelijke groepen. Overigens wil ik daarbij wel de opmerking maken dat het naïef zou zijn om te denken dat muziek zonder meer alle grenzen kan doen verdwijnen. Dat is immers niet reëel, dat geef ik toe. Maar muziek kan daar wel een aandeel in hebben. Met de nodige steun en achtergrond, zoals een Wereldmuziekschool, kunnen we samen wel wat veranderen. Daar streven we in elk geval naar.

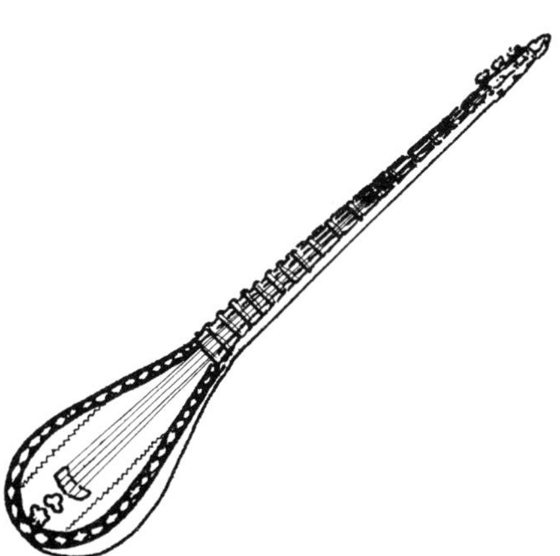

Naar: *Onze Wereld*, oktober 1990.

30 *Een argument toevoegen*

trouwens	Trouwens ook op de televisie zien de mensen veel films over het buitenland.
overigens	Zo ontstaat op een natuurlijke manier een integratie van verschillende groepen. Overigens wil ik daarbij wel de opmerking maken dat het naïef zou zijn om te denken dat muziek zonder meer alle grenzen kan doen verdwijnen.

B

o-o 2 Gesprek met Secil Arda

In 1986 mochten voor het eerst buitenlanders gekozen worden in de gemeenteraden. Secil Arda (30 jaar) woont in Enschede en is geboren in Turkije. Ze stond op de lijst bij de verkiezingen voor de gemeenteraad en is gekozen.

Interviewer Jij bent het eerste buitenlandse gemeenteraadslid in Enschede. Is er iets veranderd sinds jij er bent, denk je?

Secil Arda Dat denk ik wel ja. Alleen al het feit dat ik er ben, heeft invloed op het beleid van de gemeente. Sinds mijn komst wordt er in de raad meer rekening gehouden met migranten. Zowel de wethouders en de burgemeester als de ambtenaren tonen meer begrip. Buitenlanders zeggen dat ze hier nu makkelijker komen.

Interviewer Jij doet zeker de zaken die de migranten betreffen?

Secil Arda Jazeker, maar die niet alleen gelukkig. Ik vind dat buitenlanders moeten opkomen voor de belangen van alle burgers. En als de buitenlandse raadsleden alleen voor buitenlanders werken, loop je het gevaar dat de Nederlandse raadsleden niet meer nadenken over de problemen die onder buitenlanders spelen.

Interviewer Wat doe je dan nog meer?

Secil Arda Ik zit in de commissie cultuur en jeugd.

Interviewer Het begin was zeker niet gemakkelijk?

Secil Arda Nee, dat kun je wel zeggen. Wij hebben geen voorbeelden, we zijn de eerste generatie migranten die meedoet met de Nederlandse politiek.

Interviewer Eh, geef eens een voorbeeld van een probleem.

Secil Arda Nou, sommige Turkse mensen verwachten dat ik blind voor hun belangen opkom. Wanneer ik dat niet doe, vragen ze mij of ik aan de kant van de Turken of van de Nederlanders sta. Ook krijg ik een enorme hoeveelheid vragen van buitenlanders. Ik heb daarvoor nu een spreekuur ingesteld op het gemeentehuis in Enschede.

Interviewer Heb je ook problemen met de taal gehad?

Secil Arda Nou, vooral in het begin wist ik niet hoe ik snel door al die papieren heen moest komen. Ik nam elke avond een koffer vol stukken mee naar huis. En ik had ook veel moeite met de vergadertaal.

Interviewer En hoe loste je dat op?

Secil Arda Ik probeerde zo veel mogelijk vragen te stellen als ik iets niet begreep. Natuurlijk kon dat niet altijd maar ik was niet bang te laten merken dat ik iets niet wist. En ik werd door verschillende mensen goed geholpen.

Interviewer Ja. Nu iets anders: moest je je ook aanpassen aan de Nederlanders?

Secil Arda Jazeker, je wordt gedwongen om je op een bepaalde manier te gedragen. Ik ben bijvoorbeeld anders gaan praten, minder emotioneel. Niet heftig met handen en voeten maar gewoon op de Europese manier: koel.

Interviewer Wat zou jij andere buitenlanders die in de politiek willen, aanraden?

Secil Arda Je moet hard vechten en niet te bescheiden zijn.

Wij buitenlanders moeten leren voor onszelf op te komen. Een Turks spreekwoord zegt dat het recht niet gegeven wordt maar genomen moet worden. Ik zou dus vooral niet bang zijn.

Interviewer En wil je op den duur nog iets anders doen dan dit werk?

Secil Arda Uiteindelijk wil ik in de Tweede Kamer terecht komen. Maar dat zal nog wel even duren.

Naar: *Buitenlandersbulletin,*

Een ander thema aansnijden

nu iets anders: Nu iets anders: moest je je ook aanpassen aan de Nederlanders?

C 3 Multiculturele woningen

Hoewel buitenlanders in oude wijken meestal een flink deel van de bevolking vormen, krijgen ze bij de stadsvernieuwing gewoonlijk weinig aandacht. In de Haagse Schilderswijk heeft de gemeente dat anders gedaan. Op initiatief van wethouder Adri Duivensteijn kwam in 1984 de Portugese architect Alvaro Siza naar Nederland om een plan te maken voor een gedeelte van de Schilderswijk. Dat is een wijk met veel migranten, vooral Islamieten. De opdracht was dat de woningen multicultureel zouden worden. Wel moesten de huren redelijk blijven: de huurprijs van geen van de huizen mocht hoger zijn dan f 300,–. Siza had nog niet zo lang geleden in West-Berlijn gewerkt. Daar had hij ook buitenlandse bewoners intensief bij zijn werk betrokken.

Toen Siza in Den Haag begon met zijn opdracht, ging hij eerst twee weken in de wijk wonen. Hij kwam het liefst bij de mensen thuis, keek hoe ze leefden, wilde zien wat belangrijk voor hen was. Hij ging op bezoek en praatte met de hulp van tolken lange tijd met de bewoners over de voor hen ideale woning. Vervolgens ging hij achter zijn bureau zitten om de wensen van de toekomstige bewoners te realiseren.

Waaruit bestonden die wensen? Ten eerste bleken alle bewoners, buitenlanders en Nederlanders, het liefst een ruime, aparte keuken te hebben. De Nederlanders dachten daarbij in de eerste plaats aan een keuken om in te eten, terwijl veel migranten in de keuken de vrouwen de ruimte wilden geven. Daarnaast hadden de islamitische migranten verlangens die ook anderen aantrekkelijk vonden, zoals het verzoek de wc niet direct naast de keuken te plaatsen.

Het belangrijkste verschil met 'gewone' Nederlandse woningen is de scheiding die is gemaakt tussen een 'openbaar' en een 'privé'-gedeelte in het huis.

Plattegrond van de woningen op de tweede verdieping.

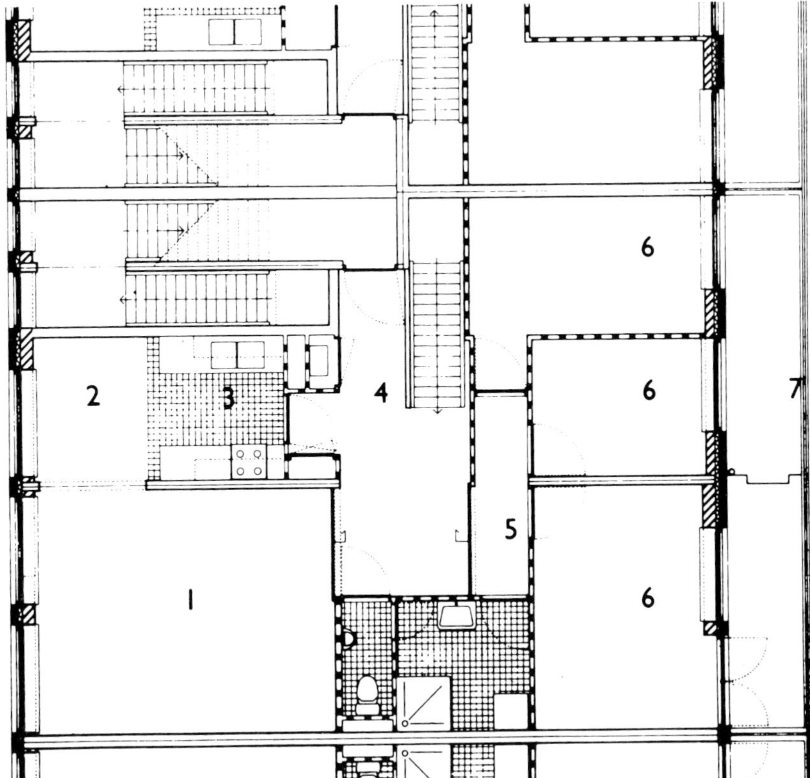

1. woonkamer
2. eethoek
3. keuken
4. hal
5. tweede hal
6. slaapkamer
7. balkon

In het eerste bevinden zich de ingang, de keuken en de woonkamer; in het tweede de slaapkamers en de badkamer. De wc is vanuit beide gedeelten bereikbaar. De achtergrond van deze scheiding is dat bij islamitische gezinnen de vrouwen zich vrij in het privé-gedeelte moeten kunnen bewegen, als er in het openbare deel mannen op bezoek zijn. Een deel van de woning kan als het ware worden gebruikt als vrouwenhuis.

Door zo veel mogelijk schuifdeuren te gebruiken heeft Siza de plattegrond die zo ontstaat ook voor andere doelen aantrekkelijk gemaakt. Zo kan de voorste hal bij de woonkamer worden getrokken, terwijl de achterste hal (bijvoorbeeld 's avonds als de kinderen slapen) als hal blijft functioneren. Ook kunnen de schuifdeuren tussen de beide hallen worden opengezet, zodat er een grote extra ruimte ontstaat.

De eerste woningen zijn nu al een jaar klaar en de bewoners van dat blok blijken bijna allemaal erg tevreden te zijn. Ze ontvangen regelmatig kijkers uit andere delen van het land die graag komen kijken naar deze vorm van stadsvernieuwing. Er blijken niet alleen migranten in deze 'multiculturele woningen' te wonen: twintig procent van de huizen wordt bewoond door Nederlanders.

Naar: *Buitenlanders Bulletin*, mei 1990.

De onvoltooid verleden tijd

De onvoltooid verleden tijd kan gebruikt worden om te vertellen over een opeenvolging van gebeurtenissen en handelingen uit het verleden.

Toen Siza in Den Haag *begon* met zijn opdracht, *ging* hij eerst twee weken in de wijk wonen. Hij *kwam* het liefst bij de mensen thuis, *keek* hoe ze leefden, *wilde* zien wat belangrijk voor hen was. Hij *ging* op bezoek en *praatte* met de hulp van tolken lange tijd met de bewoners over de voor hen ideale woning. Vervolgens *ging* hij achter zijn bureau zitten om de wensen van de toekomstige bewoners te realiseren.

D 4 Witte en zwarte scholen

Sinds enige jaren bestaat in Nederland het verschijnsel van witte en zwarte scholen. Op witte scholen zitten vooral Nederlandse kinderen, terwijl de zwarte scholen hoofdzakelijk buitenlandse leerlingen hebben.

Het lijkt zo merkwaardig: als de samenleving multi-cultureel wordt, groeit het aantal 'monoculturele' scholen. Steeds meer Nederlandse (en soms ook buitenlandse) ouders plegen hun kind van school te halen omdat er in hun ogen te veel allochtone kinderen op zitten, waardoor de kwaliteit van het onderwijs gevaar zou lopen. Vooral in de grote steden zijn er scholen met meer dan 90 % buitenlandse leerlingen.

Zowel de overheid als de scholen overwegen maatregelen om deze situatie te veranderen. Zo denkt men in Amsterdam aan het instellen van grenzen per wijk: een school neemt alleen kinderen aan uit een bepaalde wijk. Kinderen moeten dan in principe allemaal in hun eigen wijk op school gaan. Ook wordt er over gedacht scholen met vrijwel alleen buitenlandse leerlingen te sluiten. Een ander plan is het stellen van een maximum aantal buitenlandse leerlingen per school. De kinderen worden dan eventueel met bussen naar scholen buiten de wijk gebracht, als in hun eigen wijk het maximum aantal buitenlandse leerlingen is bereikt.

Wietske Miedema, van het Instituut voor Etnische Studies in Amsterdam, heeft pas een nota geschreven over de kwaliteit van het onderwijs op de zwarte scholen. Zij stelt voor het onderwijs te verbeteren door de volgende factoren: leerkrachten moeten de eigen taal van de kinderen in de klas gebruiken; ook moet er goed onderwijs in het Nederlands als tweede taal gegeven worden. Daarnaast moeten kinderen leren zich te verdedigen tegen de blanke Nederlandse dominantie. Wietske Miedema stelt ook met nadruk dat leerkrachten op zwarte scholen extra betaald moeten worden en regelmatig bijscholing moeten krijgen. Door de kwaliteit van de zwarte scholen te verhogen moet het volgens haar mogelijk zijn de scholen aantrekkelijker te maken voor buitenlandse en voor Nederlandse kinderen.

Naar: *Samen Wijs*, april 1988.

Allemaal

allemaal = alle(n) = de hele groep (personen of dingen)

Kinderen moeten dan in principe *allemaal* in hun eigen wijk op school gaan.

— Ik zie geen postzegels meer. Zijn ze *allemaal* op?
— Nee, hier zijn er nog een paar.

Economisch instituut raadt winkeliers aan professioneler te werken

Uitheemse winkel moet in de slag om klant

(Van onze verslaggever Henk Sibum)

UTRECHT – De Nederlandse consument zou vaker in een winkel met uitheemse levensmiddelen moeten kopen. Anders dreigt een groot deel van de Surinaamse en Indonesische toko's, de islamitische slagerijen en de Turkse en Marokkaanse levensmiddelenwinkels te verdwijnen. Hoewel de vraag de laatste jaren met 5 % is toegenomen, zien de eigenaars van deze winkels hun omzet steeds meer dalen.

Volgens een rapport van het Economisch Instituut voor het Midden- en Kleinbedrijf (EIM) geeft de helft van deze winkeliers toe onvoldoende inkomen te hebben. Oorzaak is vooral de moordende onderlinge concurrentie. Willen de winkeliers het redden, dan moeten ze vooral de Nederlandse consument in hun winkel zien te lokken.

'Ook groenten en fruiten', staat te lezen op de ruit van een van de tientallen islamitische slagerijen van een wijk in Utrecht. Aan de overkant, op het raam van een andere islamitische slagerij, wordt Turks brood aangeprezen. De aankondigingen op de ruiten zijn typerend voor de situatie in deze sector. De winkeliers beconcurreren elkaar in prijs en met de verkoop van branchevreemde produkten.

Een rondgang langs de islamitische slagerijen in deze oude stadswijk levert overal hetzelfde beeld op. De winkels worden hoofdzakelijk bezocht door Turkse en Marokkaanse klanten. In een enkel geval gaat de conversatie tussen een Nederlandse klant en de slager moeizaam omdat de laatste de Nederlandse taal niet geheel machtig is. 'Het gaat, maar de zaken kunnen beter', is het veelgehoorde antwoord op de vraag hoe het met de verkoop staat.

In Nederland zijn ongeveer duizend allochtone ondernemers actief in deze tak van detailhandel. De winkels zijn grotendeels gevestigd in de oude wijken van de vier grote steden. Nederland telt 650 duizend inwoners van buitenlandse afkomst. Uit onderzoek van het EIM blijkt dat slechts 14 % van hen de dagelijkse boodschappen doet in een winkel met uitheemse produkten. W. Veltman van het EIM raadt winkeliers die uitheemse produkten verkopen aan zich niet alleen op de eigen etnische groep te richten maar ook op klanten uit andere etnische groepen en op de Nederlanders. Verder moeten de winkels professioneler en minder kleinschalig worden opgezet. Dit maakt het voor banken ook aantrekkelijker om investeringen te financieren, aldus Veltman.

Naar: *de Volkskrant*, 3 november 1990.

F

het aandeel
aangeven
aantrekkelijk
de achtergrond
afvegen
de architect
bereikbaar
bewonen
bezet
de bijscholing
blank
blind
het blok
de burger
daarnaast
de directeur
de dominantie
dringen
emotioneel
eventueel
de factor
functioneren
zich gedragen
het gemeentehuis
het gemeenteraadslid
grijpen
de hal
heftig
houten
de huurprijs
de ingang
het initiatief
— op initiatief van
instellen
het instrument
intensief
islamitisch
de jeugd
de kijker
klinken
koel
de koffer
de komst
de kwaliteit
de leerkracht
de lijst
het maximum
merkwaardig
monocultureel
multicultureel
de muziekschool
de nadruk
naïef
de nota
openzetten
opkijken
opkomen (voor)
de opmerking
overwegen
de plattegrond
plegen
privé
reëel
zich richten (op)
het ritme
de saz
de schuifdeur
slaan
de speler
het spreekwoord
de stadsvernieuwing
staren (naar)
de stok
streven (naar)
de subsidie
toekomstig
de tolk
de toon
vanuit
zich verdedigen
de vergadertaal
het verlangen
het verzoek
de voet
voordoen
het vrouwenhuis
waardoor
waaruit
wekken
de wens
de wereldmuziek
de wereldmuziek-school
westers
het zweet

31 Bacteriën en virussen

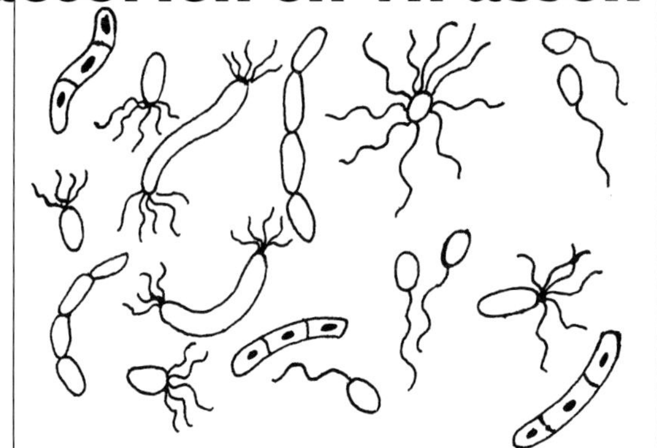

A 1 De cultuur van ziekte en genezing

De Amerikaanse professor Lynn Payer heeft een boek gepubliceerd over de cultuur van ziekten en van de manieren om ziekten te behandelen. Ze woont in Parijs. Hier volgt een gesprek met haar.

Interviewer Hoe kreeg u het idee over dit onderwerp een boek te schrijven?

Lynn Payer Nou, toen ik net in Frankrijk woonde, merkte ik dat sommige ziekten daar heel veel aandacht kregen terwijl andere eenvoudig niet behandeld werden. En dat bleek ook zo te zijn in Groot-Brittannië, in West-Duitsland en in de Verenigde Staten.

tekening: Stefan Verwey
uit Keesings Onderwijsbladen, maart 1987.

Interviewer Geeft u eens een voorbeeld?

Lynn Payer Eh … Amerikaanse dokters doen bijvoorbeeld zes keer zoveel hartoperaties als de Engelse. En wat betreft borstoperaties: in Amerika worden die operaties vooral gedaan om borsten te vergroten, terwijl in Frankrijk veel meer aan het verkleinen van borsten wordt gedaan. En toch gaat het in beide landen om borsten van dezelfde grootte.

Interviewer Is er ook verschil in het gebruik van medicijnen?

Lynn Payer O ja. Duitse artsen geven bijvoorbeeld weinig antibiotica. En de Fransen die krijgen zeven keer zo vaak een zetpil als de Amerikanen.

Interviewer En wie heeft er nou gelijk?

Lynn Payer Ja, wie gelijk heeft dat is niet te zeggen. In alle vier de landen overlijdt trouwens eenzelfde percentage mensen per jaar.

Interviewer U bent zelf Amerikaanse. Hoe reageerde u op het gebruik van medicijnen in Europa?

Lynn Payer In het begin was ik heel verbaasd over het gebruik van homeopathie in Frankrijk. En ook het geloof in kuren in Duitsland en Frankrijk dat verbaasde me. In Frankrijk worden kuren zelfs door het ziekenfonds betaald. In Amerika is kuren totaal onbekend.

Interviewer Ik heb gehoord dat artsen in Amerika voor de rechter moeten komen als hun diagnose niet goed is. Is dat waar?

Lynn Payer De artsen in Amerika moeten inderdaad heel voorzichtig zijn. Bij een diagnose die niet voor honderd procent klopt, eisen sommige patiënten meteen een uitspraak van de rechter. Je kunt daar als arts nooit zeggen: 'Ik heb me vergist'. En als een patiënt overlijdt door een fout van de dokter, eist de familie meestal enorm veel geld.

Interviewer Zijn er ook typisch Nederlandse gebruiken in de gezondheidszorg?

Lynn Payer Jazeker. Vooral het geringe gebruik van apparaten en van antibiotica. Een Amerikaanse vriendin van mij, die in Nederland woont, kreeg voor bronchitis antibiotica. Toen ze die ziekte het jaar daarop weer kreeg, werd gezegd dat nu het lichaam zichzelf moest genezen. Voor ons Amerikanen is zoiets niet voor te stellen. Ze heeft toen een maand lang bronchitis gehad, maar het is daarna nooit meer teruggekomen.

Naar: *de Volkskrant*, 16 juni 1990.

Zijn woorden intrekken

Ik heb me vergist	Je kunt daar als arts nooit zeggen: 'Ik heb me vergist'.
U/Je hebt gelijk	— Ik ga over drie weken met vakantie. Dan moet het werk af zijn. — Ik dacht dat u pas over een maand zou gaan? — U hebt gelijk. Dat wilde ik eerst, maar ik heb nu mijn plannen veranderd.

2 Medicijnen

Hoe neem je ze in?

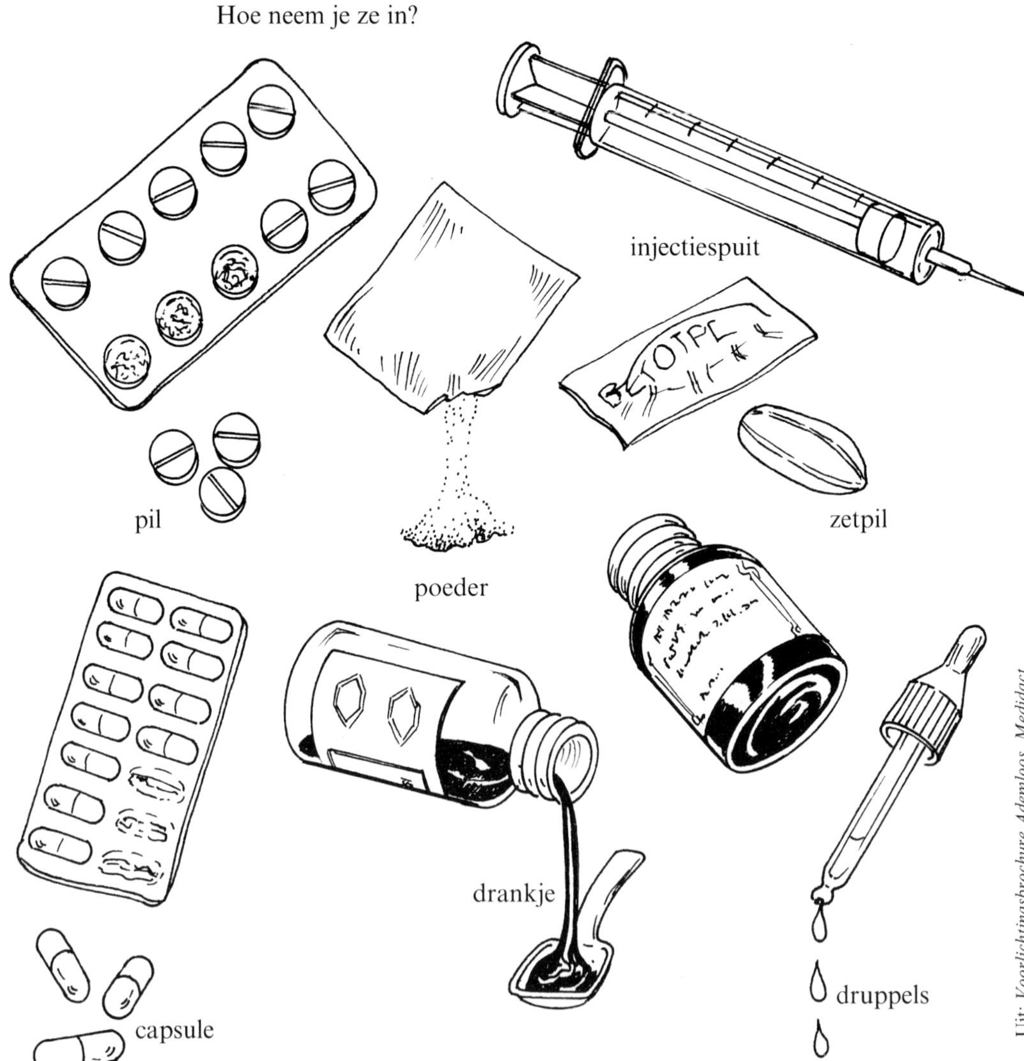

Uit: *Voorlichtingsbrochure Ademloos, Medidact.*

B 3 Kant-en-klaar gerechten

In Nederland kan men in veel winkels gerechten kopen die men alleen nog maar hoeft op te warmen, de zogenaamde kant-en-klaar gerechten. Hoe schoon zijn deze gerechten?

De organisatie Konsumenten Kontakt liet 34 porties macaroni onderzoeken. Het bleek dat 14 van de 34 porties meer dan één miljoen bacteriën per gram bevatten wat veel meer is dan wat officieel mag. In vier porties zaten veertig miljoen of meer bacteriën per gram.

Konsumenten Kontakt vindt deze aantallen zo hoog dat ze onmiddellijk in actie zijn gekomen. Ze hebben de Inspectie op de hoogte gesteld van de resultaten van het onderzoek. Tot nu toe zijn er geen gevaarlijke bacteriën gevonden. De hoeveelheid bacteriën is een aanwijzing voor de hygiëne tijdens het klaarmaken en de wijze van bewaren van het produkt tot het moment van verkoop.

Uit het onderzoek blijkt heel duidelijk dat de hygiëne tijdens het klaarmaken van deze gerechten veel te weinig aandacht krijgt. De indruk bestaat dat er soms met vuile machines gewerkt wordt.

De omstandigheden waaronder deze produkten in de winkel bewaard werden, waren ook niet goed. Bij 11 van de 34 gerechten was de temperatuur te hoog. Eén portie macaroni had zelfs een temperatuur van 28 graden! Ook worden de gerechten vaak te lang bewaard in de winkel. Konsumenten Kontakt verzoekt de overheid richtlijnen te maken voor het bewaren en klaarmaken van kant-en-klaar gerechten.

Niet alles wat onderzocht is, bevatte te veel bacteriën. Zo waren er vier porties waarin men minder dan 1000 bacteriën per gram heeft gevonden. Het is dus heel goed mogelijk kant-en-klaar gerechten hygiënisch klaar te maken en te bewaren.

Naar: *Goois Weekblad*, 10 oktober 1990.

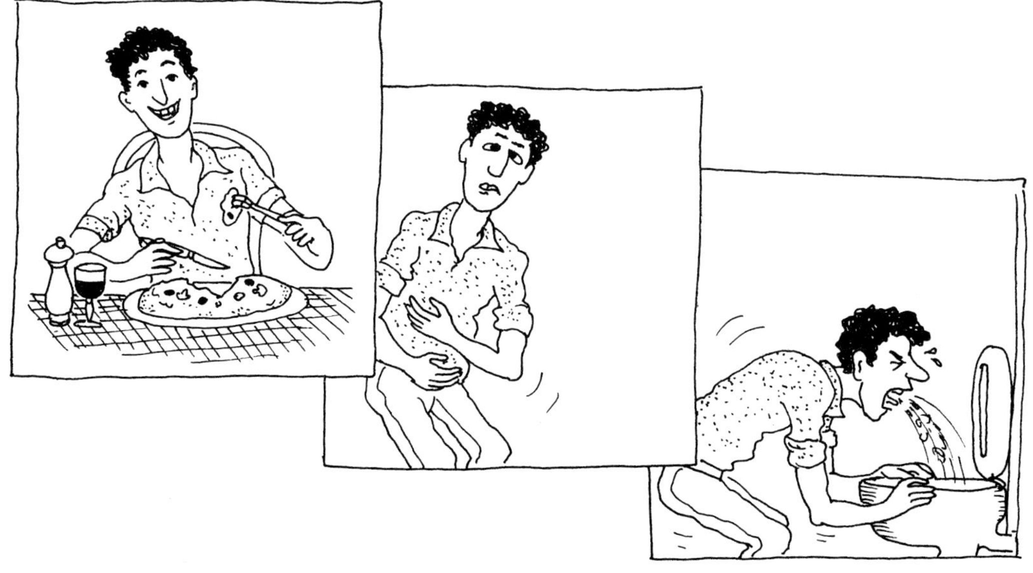

Het betrekkelijk voornaamwoord: wie en wat

Wie **(personen)**
Wie **wordt gebruikt als betrekkelijk voornaamwoord na een voorzetsel.**

Mariska, met *wie* hij al jaren getrouwd is, wil nu van hem weg.
De man van *wie* ik houd, heet Wim.

Wie **betekent soms: 'de persoon die' of 'iedereen die'**

Wie geen tijd heeft om te koken, moet eens een kant-en-klaar gerecht proberen.
Wie geen stoel vindt, moet blijven staan.

Wat **(zaken)**
Wat **wordt gebruikt als betrekkelijk voornaamwoord na:**

alles Niet *alles wat* onderzocht is, bevatte te veel bacteriën.

iets — Er is *iets wat* ik je moet vertellen.
— O ja? Nou, zeg het maar.

dat *Dat wat* je nu doet kan niet.

Wat **betekent soms 'dat wat':**
Wat jij zegt is niet juist.

C o-o 4 Verzuipen in shampoo?

Hier volgt een interview met Joost Jobse, bedrijfsleider bij Bodyshops, een bedrijf dat cosmetica verkoopt.

Interviewer Wat is Bodyshops voor een bedrijf?

Joost Jobse Wij verkopen cosmetica, dat wil zeggen shampoos, zeep, tandpasta, crèmes enzovoort, die niet op dieren getest zijn. Ze zijn van zuivere produkten gemaakt en ze zijn niet slecht voor het milieu.

Interviewer Geeft u eens een voorbeeld?

Joost Jobse Een flesje shampoo gemaakt van traditionele Marokkaanse modder van het Atlasgebergte of een crème van tropische vruchten bijvoorbeeld.

Interviewer U haalt de produkten ook uit de Derde Wereld?

Joost Jobse Ja, als het even kan, dan doen we dat.

Interviewer En wat doet u met de verpakkingen?

Joost Jobse Wij nemen alle flesjes terug om weer te gebruiken.

Interviewer Hoe groot is uw bedrijf?

Joost Jobse Nou, in 1976 is de Engelse Anita Roddick, een onderwijzeres, begonnen met een klein winkeltje in natuurlijke produkten in Brighton. Zij vond dat de handel in cosmetica teveel door mannen geleid werd. Nu is ze directeur van een enorme organisatie. We bestaan thans uit meer dan vierhonderd winkels over de hele wereld, waarvan zestien in Nederland. Ons bedrijf verkeert in een heel gunstige positie op het moment. Dit jaar komen er hier nog tussen de vijf en tien winkels bij. We hebben bewezen dat er zelfs in deze zo traditionele tak van het bedrijfsleven mogelijkheden zijn om op een andere manier zaken te doen. Het kan dus ook anders in deze industrie, die gewoonlijk met miljoenen guldens produkten op de markt brengt en de ene behoefte na de andere schept. De glans van schoonheid komt uit het innerlijk. Die kun je niet uit een potje kopen. Dat is de gedachte die bij ons leeft.

Interviewer Dat klinkt heel fraai maar jullie moeten toch ook winst maken?

Joost Jobse Natuurlijk. Winst maken gebeurt ook in onze onderneming. Daarin onderscheiden we ons niet van de andere. Maar daarnaast voelen we ons ook sociaal verantwoordelijk. Dat blijkt bij Bodyshops in de manier van werken, interesse voor de Derde Wereld en zorg voor goede produkten.

Interviewer En wat is dan uiteindelijk de bedoeling?

Joost Jobse Wij willen naar een 'economie van het genoeg'.

Op den duur kan het niet ons doel zijn de wereld te laten verzuipen in shampoo. Daarvoor is het nodig de consument te veranderen. Dat duurt lang, maar dat is niet zo erg.

Interviewer U groeit heel snel. Hoe vindt u dat?

Joost Jobse Het klinkt misschien wat vreemd, maar ons probleem is, om niet te snel te klimmen.

Interviewer Wat is nu uw taak?

Joost Jobse De juiste mensen kiezen, communiceren, praten, daar ben ik de helft van de tijd mee bezig. De boodschap moet van binnenuit gedragen worden. Je kan niet alleen van negen tot vijf medewerker van Bodyshops zijn. Dat is iedereen 24 uur per dag.

Interviewer En dat lukt u ook?

Joost Jobse Jazeker, dat is geen probleem.

Naar: *Onze Wereld*, maart 1990.

Iemand geruststellen

Dat is geen probleem	— En dat lukt u ook? — Jazeker, dat is geen probleem
Dat is niet zo erg	Dat duurt lang, maar dat is niet zo erg.
Dat geeft niet	— Ik heb deze oefening helemaal verkeerd gedaan. — Dat geeft niet hoor, ik help u wel even.

D 5 Hoe gezond is de Nederlander?

De gezondheid van de Nederlanders is goed. Nederlanders worden gemiddeld 76,8 jaar oud. Alleen in Zweden en Zwitserland bereikt de bevolking een nog hogere leeftijd. Dit is een van de conclusies uit een vergelijking van de gezondheid van de bevolking in 27 Europese landen. De resultaten staan in het rapport van het Sociaal Cultureel Planbureau (SCP).

Nederland scoort ook goed met een lage zuigelingensterfte. Van de duizend levendgeboren baby's sterven er acht in het eerste jaar van hun leven. Daarmee is Nederland vierde op de ranglijst achter Zweden, Finland en Zwitserland. België heeft de hoogste zuigelingensterfte van Europa: daar overlijden zestien van de duizend kinderen onder de één jaar.

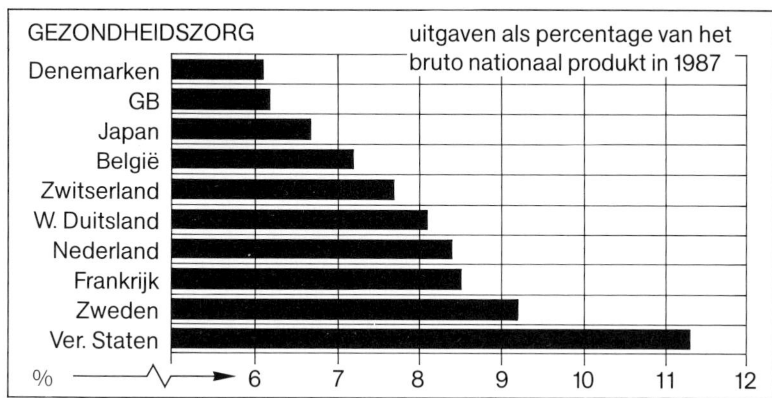

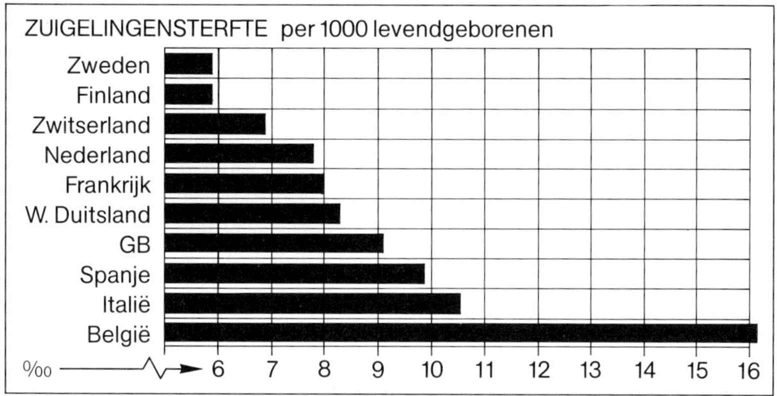

Het aantal doden in het verkeer is de laatste tien jaar in vrijwel alle Europese landen flink afgenomen. Nederland is het veiligste land op de Scandinavische landen na.
Het verbruik van alcohol is in Nederland vanaf 1980 gelijk gebleven en sedert 1986 gedaald, waarschijnlijk door de regelmatige voorlichtingscampagnes. Alleen in Noorwegen, Zweden en Groot-Brittannië wordt per persoon minder gedronken. Van de Nederlanders rookt 42%, met name sigaretten. Dit is vrij veel vergeleken met andere landen. Zo rookt in Zweden slechts 30 % van de bevolking.
Het SCP maakt zich zorgen over de verspreiding van Aids in de Europese landen. In 1983 waren er 223 gevallen van Aids geregistreerd. In 1988 was dit aantal al gestegen tot 1647 gevallen. Nederland heeft per honderdduizend inwoners 7,2 Aidspatiënten. Zwitserland scoort het hoogste met 17,8 en Finland het laagste met 1,1 patiënten per honderdduizend inwoners.
De kosten van de gezondheidszorg stijgen door de vergrijzing in alle Europese landen en de Verenigde Staten en Japan. Nederland geeft 8,4% van zijn inkomen uit aan gezondheidszorg en is daarmee vierde op de ranglijst. De Verenigde Staten staat als eerste op de lijst met 11,3%. Daarna volgen Zweden en Frankrijk.

Naar: *de Volkskrant*, 4 september 1990.

Woordvorming: samenstellingen

Samenstellingen = woorden die bestaan uit delen die ook afzonderlijk kunnen bestaan.

Zelfstandige naamwoorden

zelfstandig naamwoord + zelfstandig naamwoord

zuigelingensterfte	(zuigelingen	+ sterfte)
Aidspatiënt	(Aids	+ patiënt)
ranglijst	(rang	+ lijst)

Het samengestelde zelfstandig naamwoord krijgt het lidwoord van het laatste zelfstandig naamwoord.

de ranglijst	(**de** rang	+ **de** lijst)
het alcoholverbruik	(**de** alcohol	+ **het** verbruik)

zelfstandig naamwoord + s + zelfstandig naamwoord

gezondheidszorg	(gezondheid	+ **s** + zorg)
voorlichtingscampagnes	(voorlichting	+ **s** + campagnes)
bedrijfsleider	(bedrijf	+ **s** + leider)

Bijvoeglijke naamwoorden

levendgeboren	(levend	+ geboren)
doodarm	(dood	+ arm)

Werkwoorden

plaatsvinden	(plaats	+ vinden)
wegleggen	(weg	+ leggen)
voorschrijven	(voor	+ schrijven)

E 6 Bleekmakers net niet verboden

De Zuidafrikaanse gezondheidsautoriteiten hebben op de valreep een aangekondigd verbod op de handel in bleekmakende crèmes ingetrokken. Aanvankelijk zou het middel per 1 juli verboden worden. Begin mei verklaarde het Zuidafrikaanse ministerie van Volksgezondheid echter dat er geen verbod kon worden afgeroepen om technische redenen. 'Zo technisch dat er geen aanleiding is om deze uit te leggen', aldus de woordvoerder.
Bleekmakende crèmes worden met name door zwarte vrouwen gebruikt om een wat lichtere huidskleur te krijgen. De meeste crèmes bevatten het middel hydrochinon of kwik. Gebruik ervan leidt vaak tot afsterven van het pigment en kan ook inwendige stoornissen als nier- en

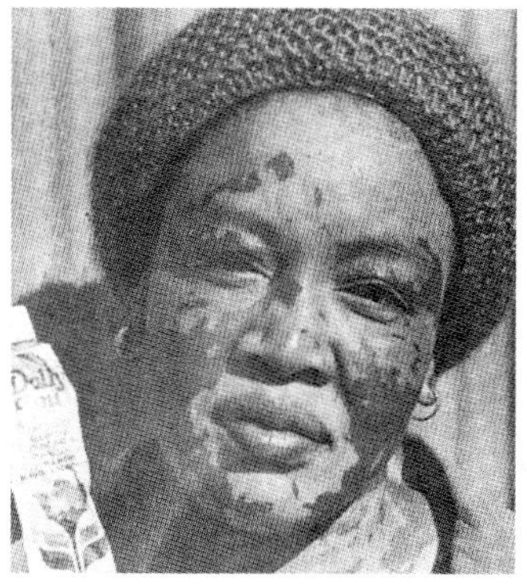

leverbeschadigingen tot gevolg hebben. Naar schatting 42% van de Zuidafrikaanse vrouwen heeft blijvende schade opgelopen als gevolg van het gebruik van de zogenaamde skinlightners. Schattingen ramen de handel in bleekmakers alleen al in Zuid-Afrika op een jaarlijks bedrag van ruim zestig miljoen gulden. Verschillende internationale bedrijven produceren het middel. In de produkten die bestemd zijn voor de Afrikaanse markt wordt vaak de maximaal toelaatbare hoeveelheid actieve stof overschreden.

In Zambia zijn inmiddels strenge maatregelen van kracht om de handel aan banden te leggen. Alhoewel de crèmes in Zambia zelf niet worden gemaakt of geïmporteerd, was er toch een bloeiende zwarte handel in de middelen.

Veel van de crèmes zijn afkomstig uit Zuid-Afrika.

Uit: *Onze Wereld*, augustus 1988.

F

de aanwijzing
de Aids
de Aidspatiënt
het antibioticum
de bacterie
de bedrijfsleider
binnenuit
— van binnenuit
de borstoperatie
de bronchitis
de capsule
communiceren
de consument
de cosmetica
de crème
de diagnose
de dode
het drankje
de druppel
de gedachte
genezen
de genezing
het gerecht
de gezondheidszorg
de glans
de grootte
gunstig
de handel
de hartoperatie
de homeopathie
de hoogte
— op de hoogte stellen (van)
de hygiëne
de injectiespuit
het inkomen
het innerlijk
de inspectie
kant-en-klaar
klaarmaken
klimmen
de kosten
kuren
de kuur
leiden
levendgeboren
de machine
de modder
na (bw)
— op ... na
onbekend
de onderneming
onderscheiden
de onderwijzeres
de operatie
opwarmen
de pil
het/de poeder
de portie
de pot
de professor
publiceren
de ranglijst
het rapport
registreren
roken
de schoonheid
sedert
de shampoo
de sigaret
de tandpasta
terugnemen
testen
thans
traditioneel
tropisch
de uitspraak
verbaasd
verbazen
het verbruik
de vergelijking
zich vergissen
de vergrijzing
verkeren
verkleinen
de verpakking
de verspreiding
verzoeken
verzuipen
het virus
de voorlichtingscampagne
de vrucht
de wijze
de winst
de zeep
de zetpil
de zuigelingensterfte
zuiver

32 Supersnel en gevaarlijk

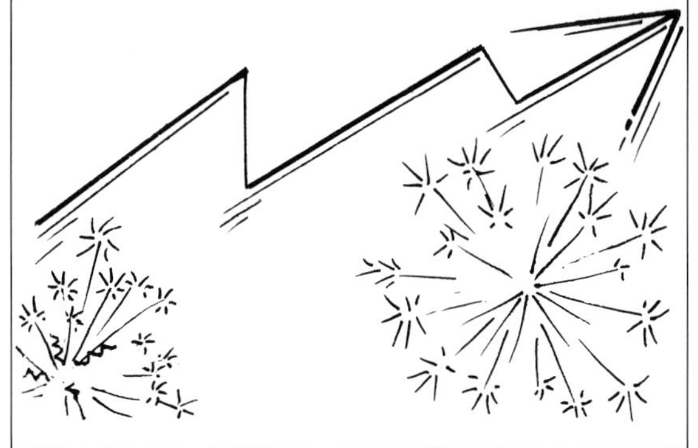

A I Thuis studeren met Digimail

Karin Verhoeven woont en werkt in Rotterdam. Ze werkt bij een groot bedrijf als secretaresse van de centrale ondernemingsraad[1]. Daarnaast studeert ze thuis.

Interviewer Karin, wat voor werk doe je precies?

Karin Verhoeven O, ik doe een heleboel dingen: ik maak verslagen van de vergaderingen, schrijf brieven en organiseer de lunches en bijeenkomsten. Ieder jaar ben ik ook nauw betrokken bij de organisatie van een congres. Dat is altijd een heel drukke periode.

Interviewer Speelt de ondernemingsraad een belangrijke rol in het bedrijf?

Karin Verhoeven Ja, voor de structuur van een groot bedrijf is een ondernemingsraad erg belangrijk. De ondernemingsraad is opgericht om samen met de directie problemen op te lossen. Soms vinden er heftige discussies plaats, maar na zo'n vergadering praat iedereen weer heel gezellig met elkaar. Dat valt me altijd weer op en dat is leuk om te zien. Ja, over het algemeen is de samenwerking goed.

Interviewer Je hebt een leuke baan. Waarom ben je weer gaan studeren?

Karin Verhoeven Ik zou heel graag Public Relations-medewerkster willen worden. Toen ik indertijd via mijn werkgever een computer kreeg, las ik toevallig dat je bij de LOI[2] een cursus Public Relations kon doen via Digimail. Ik heb me toen meteen ingeschreven.

Interviewer Wat is Digimail?

Karin Verhoeven Ik vind Digimail echt een revolutie in het onderwijs. De computer en de telefoon spelen er een belangrijke rol bij. Je krijgt de opdrachten van de LOI thuisgestuurd. Die opgaven werk ik uit op mijn pc. Als ik klaar ben, stuur ik mijn huiswerk direct via de telefoon naar mijn postbus in de Memocomputer.

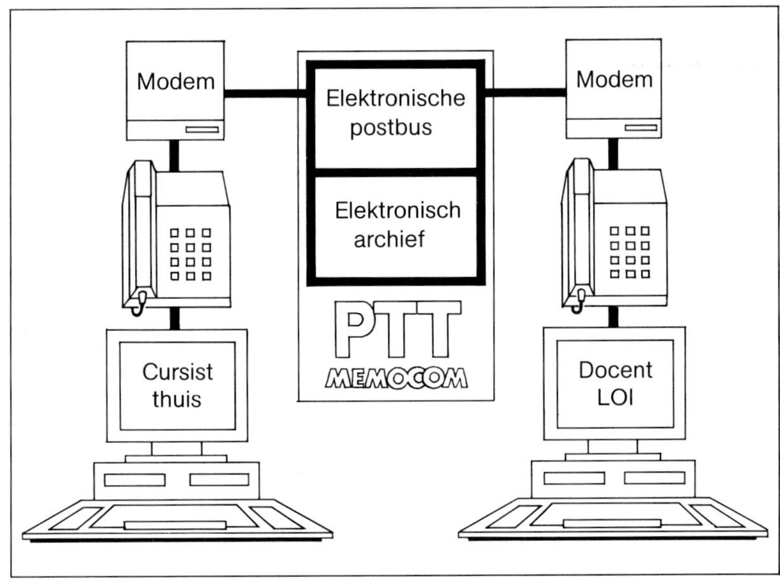

Vervolgens geef ik opdracht om mijn huiswerk naar de elektronische postbus van mijn docent te zenden. De docent kan mijn huiswerk oproepen. Nadat hij het heeft nagekeken, en een cijfer heeft gegeven stuurt hij het terug naar mijn elektronische postbus.

Interviewer Wat zijn nou de voordelen van thuis studeren?

Karin Verhoeven Studeren met Digimail kun je in je eigen tijd en je eigen tempo doen. Ik kan mijn pc aanzetten en uitdoen wanneer ik dat wil. Voor iemand met een baan, zoals ik, is dat heel handig. Bovendien vind ik het vervelend om 's avonds laat over straat te moeten. Nu kan ik lekker thuis studeren. Ik hoef de deur niet meer uit. Voor mij is Digimail ideaal.

Naar: *Telecom thuis*, februari 1989.

[1] In de ondernemingsraad zitten vertegenwoordigers van de werknemers; ze overleggen regelmatig met de werkgever.

[2] LOI = Leidse Onderwijs Instellingen

Om + te + infinitief

De constructie 'om + te + infinitief' kan verschillende functies hebben.

1 Doel uitdrukken
Ik ga naar huis *om te eten.*
Bleekmakers worden door zwarte vrouwen gebruikt *om* een witte huidskleur *te krijgen.*
Ik doe het *om* ze *te helpen.*

2 Graad aangeven (na: te, voldoende, genoeg)
Dat boek is *te* dik *om* in één avond uit *te lezen.*
Het is niet *voldoende om* bordjes op *te hangen* bij kerncentrales met 'gevaar' erop.
Zij is oud en wijs *genoeg om* zelf beslissingen *te nemen.*

3 Bepaling bij een bijvoeglijk naamwoord
Na de vergadering praat iedereen weer gezellig met elkaar. Dat valt me altijd weer op en dat is *leuk om te zien.*
Bovendien vind ik het *vervelend om* 's avonds laat over straat *te moeten.*

4 Bepaling bij een zelfstandig naamwoord
Een *bekertje om* uit *te drinken.*
Een *kind om te zoenen.*

In al deze gevallen is het gebruik van 'om' verplicht.

In de volgende gevallen is 'om' niet verplicht:
a na zelfstandige naamwoorden zoals: doel, bedoeling, opdracht
Het kan niet ons *doel* zijn (*om*) de wereld *te laten verzuipen* in shampoo.
Vervolgens geef ik *opdracht* (*om*) mijn huiswerk naar de elektronische postbus van mijn docent *te zenden.*
Uiteindelijk is het de *bedoeling* (*om*) de reistijd tussen Amsterdam en Frankfurt tot drie uur *terug te brengen.*

b na werkwoorden zoals: proberen, meevallen
Het *valt* niet *mee* (*om*) iedere dag vroeg op *te staan.*
We *proberen* altijd (*om*) op tijd klaar *te zijn.*
Hij *is van plan* (*om*) morgen *te komen.*

Let op: In de spreektaal wordt 'om' meestal wel gebruikt in deze zinnen.

B 2 Kerntechnologie

Vlak voor de Tweede Wereldoorlog werd door onderzoekers het procédé van 'kernsplijting' ontdekt. Oorspronkelijk werd het alleen gebruikt om zo bijzonder krachtige wapens te maken: atoombommen.

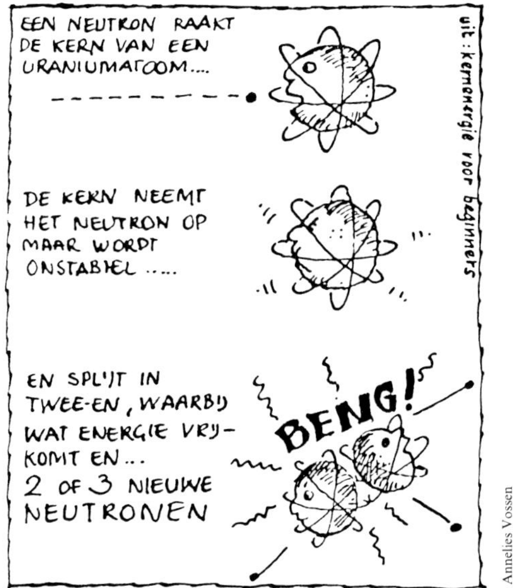

Annelies Vossen

Na 1950 begon men te bedenken hoe er ook in tijden van vrede gebruik kon worden gemaakt van deze technologie, voor het verkrijgen van elektriciteit. Tot 1970 draaiden over de hele wereld evenwel nog meer kerncentrales voor militaire doeleinden dan voor het leveren van stroom. Kerncentrales en kerntechnologie blijken ook een belangrijk exportartikel te zijn, dat door verscheidene landen wordt uitgevoerd. Steeds meer landen willen niet achterblijven op dit gebied en zijn geïnteresseerd in kerntechnologie.

Na 1970 begint men zich meer en meer bewust te worden van de consequenties van de kerntechnologie voor alle levende wezens op aarde: niet alleen de produktie van kernenergie is gevaarlijk, maar het is ook niet duidelijk wat sommige landen ermee doen. Het is niet voldoende om bordjes op te hangen bij de kerncentrales met 'Gevaar!' en 'Voorzichtig!'. Om te voorkomen dat door de verspreiding van kerntechnologie ook de verspreiding van kernwapens over steeds meer landen toeneemt, is een verdrag gemaakt, het zogenaamde non-proliferatieverdrag. De controle hierover is in handen van het International Atomic Energy Agency.

De waarde van dit verdrag is betrekkelijk, aangezien verscheidene landen, zoals Frankrijk, China en India, het verdrag niet ondertekend hebben. Verder is de controle op de toepassing van de technologie pas achteraf mogelijk, dat wil zeggen als de kernwapens er al zijn.

Ten slotte werkt het verdrag ook discriminerend, want de producerende landen zelf blijven buiten schot. Die blijven produceren en verkopen, terwijl ze erbij zeggen: 'Pas op dat jullie het alleen voor vreedzame doeleinden gebruiken'.

alleen voor
vreedzame
doeleinden, hè!
verrijkt
uranium

Annelies Vossen

Het verzet blijft niet uit. 'Als onze regering niet meer doet om de verspreiding van kernwapens te controleren, dan zullen wij meer moeten doen om onze regering te controleren', zei indertijd Mario Cuomo, gouverneur van New York. En hij is niet de enige die zich verzet. Er ontstaan overal bewegingen die waarschuwen voor de verschrikkelijke gevolgen van de kerntechnologie voor alle levende wezens op aarde: enerzijds het gevaar voor ongelukken bij de kerncentrales, anderzijds voor het gebruik van kernwapens. Ze blijven de aandacht vestigen op dit probleem. Als er een ramp gebeurt, zullen de machtigen der aarde wellicht elkaar de schuld geven: 'Wij hebben het niet gedaan, wij hebben alleen kennis en materialen geleverd' of: 'Het is onze schuld niet, want wij hebben de kerntechnologie niet uitgevonden'.
Maar misschien komt het niet zover. Misschien krijgt de Amerikaanse president Eisenhower gelijk, die in 1959 zei: 'De mensen zullen op een dag zo ontzettend naar vrede verlangen dat de regeringen beter aan de kant kunnen gaan en aan het volk de macht geven.'

Naar: *Wie zei: 'Ik wist het niet!'?*, een uitgave van Vrouwen voor Vrede, Nijmegen.

Rechtvaardigen

Ik heb … (niet) gedaan	Wij hebben het niet gedaan, wij hebben alleen kennis en materialen geleverd.
Het is mijn schuld (niet)	Het is onze schuld niet, want wij hebben de kerntechnologie niet uitgevonden.
Ik kan er niets aan doen	— Wat ben je laat! — Ja, daar kan ik niets aan doen. Ik zat in een file.

Waarschuwen

… is gevaarlijk	Niet alleen de produktie van kernenergie is gevaarlijk, maar het is ook niet duidelijk wat sommige landen ermee doen.
Pas op dat …	Pas op dat jullie kerntechnologie alleen voor vreedzame doeleinden gebruiken.
Gevaar!	Er staat een bordje 'Gevaar!'. Kom niet te dicht in de buurt van de centrale.
Voorzichtig!	Rijd voorzichtig. Het is mistig.
Stop!	Stop! Er komt een trein aan.

C 3 De trein van morgen komt eraan

In 1998 moet het hele traject Amsterdam-Parijs klaar zijn voor de TGV[1] en dan duurt een reis met de trein van Amsterdam naar Parijs nog maar drieëneenhalf uur. Zal de TGV het winnen van het vliegtuig? Volgens ingenieur Baud, projectmanager van het hoge-snelheidsnet in Nederland, is dat zeker niet onmogelijk.

Interviewer — Meneer Baud, in Frankrijk rijdt de TGV al een paar jaar. Hebt u er al in gezeten?

Meneer Baud — O, jazeker. Ik ben hem natuurlijk onmiddellijk gaan proberen.

Interviewer — Dat lijkt me een hele sensatie.

Meneer Baud — Een sensatie? Nee, het is heel wonderlijk, hoewel je als een raket over de rails schiet, merk je juist ontzettend weinig van die hoge snelheid. Het landschap trekt wel wat sneller aan je voorbij, maar je merkt niet echt hoe hard je gaat. Alleen toen ik het bordje 'Parijs' zag en ik op mijn horloge keek, toen dacht ik: dit is een grap. Dat bordje hoort hier niet. Maar verder is de grootste sensatie dat die hoge snelheid geen sensatie is. Het is juist rustiger in die trein. Je kunt een vol glas wijn op een tafeltje zetten zonder dat er een druppeltje over de rand gaat.

Interviewer — U werkt aan twee projecten ...

Meneer Baud — Dat klopt. Er komt niet alleen een hoge-snelheidslijn richting Frankrijk, maar ook Duitsland staat op het programma. Voor de lijn naar Frankrijk moet er in Nederland een speciaal spoor komen, voor de lijn naar Duitsland is dat niet nodig, want het huidige traject ligt al behoorlijk recht. Daar kan een snelheid worden bereikt van 200 km per uur. De grootste winst in tijd is te verwachten als in 1998 het nieuwe traject tussen Keulen en Frankfurt klaar is. Op dat rechte stuk gaan treinen 300 km per uur rijden.

Wie dan in Keulen de trein neemt, kan een uur later in Frankfurt uitstappen. Uiteindelijk is het de bedoeling dat de reistijd tussen Amsterdam en Frankfurt tot drie uur wordt teruggebracht. Dan wordt de trein dus ook op dit traject een alternatief voor het vliegtuig.

Interviewer Maakt zo'n supersnelle trein nou niet extra veel lawaai?

Meneer Baud Nou, dat valt mee. Er zijn metingen gedaan langs de baan van de TGV in Frankrijk en toen is gebleken dat die TGV bij 300 km per uur niet meer lawaai maakt dan een Intercity bij 140 km per uur.

Interviewer Hoe gaat de TGV van de NS er uitzien?

Meneer Baud Het wordt een prachtige trein. Mooi gestroomlijnd. In Frankrijk is hij maar liefst 400 meter lang en hij heeft locomotieven aan kop en staart. Duwt de een, dan trekt de ander. Samen glijden ze met 12 000 paardekrachten over de rails.

[1] Train Grande Vitesse.

Naar: *De trein van morgen komt eraan*, uitgave van NV Nederlandse Spoorwegen, november 1990.

32 *Verwijzing naar de toekomst*

onvoltooid tegenwoordige tijd (meestal met bepaling van tijd)	In 1998 moet het hele traject Amsterdam-Parijs klaar zijn. Morgen hebben we een toets.
zullen	Zal de TGV het winnen van het vliegtuig? Zullen we een broodje kopen?
gaan + ***infinitief***	— Hoe gaat de TGV van de NS er uitzien?
worden	— Het wordt een prachtige trein.

D

4 Ma Bell

Het saaiste boek ter wereld is zonder twijfel The World's Telephones. Met z'n grijze kaft is het op het eerste gezicht nog saaier dan een gewoon telefoonboek. Er staan uitsluitend rijtjes, tabelletjes en namen van landen en steden in. Maar met de rekenmachine erbij wordt het een heel leuk boek. Dan blijkt ineens dat er in Parijs, New York en Tokio samen meer telefoons staan dan in heel Afrika. Zweden heeft 66 telefoonnummers op honderd inwoners, tegen 1,6 nummers op honderd Afrikanen. De ongelijkheid op de wereld wordt bijna nergens zo duidelijk geïllustreerd als in The World's Telephones.
Het boek van American Telephone and Telegraph — in de VS beter bekend als Ma Bell — komt sedert 1912 elk jaar uit. Het bevat gegevens over het telefoonverkeer tussen landen en steden. De Nederlandse PTT heeft niet aan het boek meegewerkt.
Het leukste van het boek is dat het laat zien dat de communicatie tussen mensen niet wordt bepaald door het politiek regime waaronder zij zuchten, maar eerder historisch, economisch en financieel bepaald is. Het boek gaat over meer dan 423 miljoen telefoons en ruim drie miljard mensen.
Het is geen wonder dat de Verenigde Staten met 118 miljoen telefoonnummers voorop lopen, gevolgd door Japan met vijftig miljoen. Het gaat dan om absolute aantallen. Gerekend per hoofd van de bevolking gaan de Scandinavische landen aan kop. Denemarken bijvoorbeeld heeft 55 telefoonnummers per honderd inwoners, Finland 48, dat is evenveel als de VS. Dan volgen West-Duitsland (45) en Frankrijk (44,7). Japan komt daar weer achter met 41 lijnen. China ontbreekt in het jongste jaarverslag, maar de Sovjet-Unie is na zeven jaar weer terug in het boek. In de USSR, met 27,6 miljoen toestellen,

heeft een op de tien Russen telefoon, tegen één op de twee Amerikanen.

Dat is toch nog iets anders dan de 108 000 toestellen die worden gedeeld door 46 miljoen Ethiopiërs, ongeveer twee op duizend. Dat cijfer geldt ongeveer ook voor Centraal Afrika, Soedan en Tanzania.

De vraag wie met wie belt op deze wereld blijkt ook interessante inzichten op te leveren. Dat bijvoorbeeld vanaf Bermuda, de Bahama's en de Kaaimaneilanden het meest met de VS wordt gebeld is logisch. Maar dat 85 procent van hun internationale telefoonverkeer naar de VS gaat is, vergeleken met andere landen, buiten alle proporties. Het lijkt erop dat de eigen bevolking nauwelijks gelegenheid heeft naar het buitenland te bellen en uitsluitend gepensioneerde Amerikanen over een toestel beschikken.

In Afrika wordt nog steeds vooral met de vroegere overheersers gebeld. Eén op de twee telefoongesprekken vanuit Gabon gaat naar Frankrijk. Zoiets heeft Kenia met Engeland. Van 23 Afrikaanse landen melden er negen dat het meest naar Engeland wordt gebeld, bij acht landen staat Frankrijk als eerste, in één land wordt de VS het meest gebeld. In Zuid-Amerika staan de VS uiteraard voorop als populairste land.

Frankrijk drijft de meeste handel met Duitsland. De meeste gesprekken vanuit Frankrijk naar het buitenland gaan dan ook naar Duitsland. Maar de Bondsrepubliek belt veel minder vaak terug. Dat land telefoneert liever met Oostenrijk, Zwitserland en Italië.

Dat Rusland het meest met de landen in Oost-Europa belt, zal niemand verwonderen. Maar Oostbloklanden op hun beurt bellen veel liever met het Westen.

In Liechtenstein zijn 180 telefoonnummers op honderd inwoners. Waarschijnlijk heeft elke postbus daar telefoon.

Naar: *NRC-Handelsblad*, 6 april 1990.

1 Zelfstandige naamwoorden

Zelfstandige naamwoorden kunnen verschillende achtervoegsels hebben, bijvoorbeeld:

-ing	bevolking, regering, verwarming
-heid	ongelijkheid, gelegenheid, gezondheid
-er	Ethiopiër, filmer, schrijfster
-aar	ambtenaar, Parijzenaar, handelaar
-schap	gezelschap, boodschap, beterschap
-ist	lokettist, activist, boeddhist
-aan	Amerikaan, Afrikaan, Braziliaan

2 Bijvoeglijke naamwoorden

Bijvoeglijke naamwoorden kunnen verschillende achtervoegsels hebben, bijvoorbeeld:

-lijk	waarschijnlijk, gevaarlijk, heerlijk
-ig	veilig, gezellig, prettig
-isch	historisch, economisch, etnisch
-baar	zichtbaar, middelbaar, blijkbaar
-loos	werkloos
-iek	klassiek, politiek, antiek
-en	glazen, marmeren, houten

3 Werkwoorden

Werkwoorden kunnen verschillende voorvoegsels hebben. Deze voorvoegsels hebben geen accent. Bijvoorbeeld:

be-	beginnen, bevatten, bepalen
her-	herinneren, herhalen, herkennen
ont-	ontbreken, ontdekken, ontmoeten
ver-	verwonderen, vergelijken, vergeten,
ge-	gebeuren, gebruiken, geloven

DE UNIEKE DUO-THERAPIE VOOR DE BESTRIJDING VAN PIJN:

MET DE TURBOKRACHT VAN MEDIPOL MAGNEET-VELDTHERAPIE

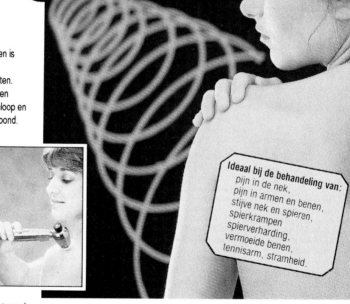

HET DIEPTE-EFFEKT VAN NOVAFON GELUIDSGOLVEN

De heilzame werking van de geluidsgolven is algemeen bekend als de probate therapie tegen allerlei pijnen, ongemakken en klachten.

Ook het feit,dat demagneetveldtherapie een stimulerende invloed uitoefent opbloedsomloop en lichaamscellen is wetenschappelijk aangetoond.

Medic kan u als enige in Nederland een kombinatie van deze twee therapieën in één apparaat presenteren.

Het uitgangspunt hierbij is de reeds bestaande Novafon waarmee heilzame geluidsgolven totdiep in het lichaam doordringen. Speciaal voor de Novafon is er nu een hulpstuk dat de geluidsgolven extra versterkt weergeeft: de Medipol magneetkop.

Een stukje toptechniek dat het diepte-effekt van de Novafon met de turbokracht van magneetveldtherapie kombineert.

De Medipol past op alle bestaande Novafon-uitvoeringen en kan uitsluitend in kombinatie met de Novafon gebruikt worden.

Wilt u meer informatie, vul dan snel de bon in of bel:

MEDIC, 05413-4076.

Ideaal bij de behandeling van:
pijn in de nek,
pijn in armen en benen,
stijve nek en spieren,
spierkrampen
spierverharding,
vermoeide benen,
tennisarm, stramheid.

BON

Ja ik ben geïnteresseerd, stuur mij geheel vrijblijvend gratis informatie over:

☐ DE NOVAFON + MEDIPOL ☐ DE MEDIPOL ☐ DE NOVAFON

Naam/Voorl.: ______ M/V

Adres: ______

Postcode/Plaats: ______ Telefoon: ______

Opsturen in enveloppe zonder postzegel naar:
Medic bv, Antwoordnr. 1243, 7570 WK Denekamp. Of bel: **05413-4076**

VO-09-'90

F

achterblijven
het alternatief
anderzijds
de atoombom
betrekkelijk
de beweging
bewust
de communicatie
de consequentie
de directie
de discussie
het doeleinde
drijven
duwen
elektronisch
enerzijds
evenwel
het exportartikel
gepensioneerd
glijden
de gouverneur
de grap
illustreren
de intercity
het jaarverslag
de kaft
de kerncentrale
de kernsplijting
de kerntechnologie
het kernwapen
de kop
het landschap
leveren
de lijn
de locomotief
de macht
machtig
het materiaal
de medewerkster
meewerken
de memocomputer
de meting
nauw
het non-proliferatie-
verdrag
de ondernemingsraad
ondertekenen
de ongelijkheid
ontbreken
oproepen
de overheerser
overleggen
de paardekracht
de pc (personal
computer)
het procédé
de projectmanager
de proportie
de rail
recht (bn)
het regime
de reistijd
de rekenmachine
de revolutie
de rij
saai
de samenwerking
schieten
de schuld
de secretaresse
de sensatie
de staart
de stroom
stroomlijnen
de structuur
de tabel
de technologie
het telefoonboek
het telefoonverkeer
thuissturen
de toepassing
het traject
de twijfel
uitdoen
uitstappen
uitwerken
uitzien
— er ... uitzien
het verdrag
verscheiden
het verslag
verwonderen
het verzet
verzetten
voorbijtrekken (aan)
voorop
vreedzaam
de waarde
het wapen
wellicht
de wereldoorlog
het wezen
het wonder
zuchten

Overzicht van functies
Overzicht van grammatica
Register
Bronvermelding

Overzicht van functies in deel 1 en 2

De nummers verwijzen naar de lessen

Overzicht van grammatica in deel 1 en 2

De nummers verwijzen naar de lessen

Register

Gebruikte afkortingen

aanw vn = aanwijzend voornaamwoord
bn = bijvoeglijk naamwoord
bw = bijwoord
vw = voegwoord
vz = voorzetsel

De woorden met een • staan in P. de Kleijn en E. Nieuwborg, *Basiswoordenboek Nederlands*, Wolters-Noordhoff, Groningen, 1983. De nummers achter de woorden verwijzen naar de les waarin ze voor het eerst voorkomen.

C

D

E

F

G

H

I

J

K

L

T

U

V

Bronvermelding illustraties

Tekeningen

Sandra Ireland, Bovenkarspel 8, 30, 39, 46, 47, 49, 70, 80*b*, 90, 98*b*, 103, 105, 108, 118, 129*b*, 137, 140, 141, 150, 152, 160
Hans van Meijgaard, Voorburg 22, 44, 76, 129*o*, 130, 136, 157, 161
Anjo Mutsaars, Haren 12, 14, 20, 32, 75, 92, 98*o*, 106, 124, 140*o*
Jo Nesbitt, Amsterdam 15, 16, 29, 29, 50, 66, 72, 80*o*, 91, 94, 101, 119, 153, 154

Foto's

ABC Press, Amsterdam 31, 88, 166
All ride koeriersdienst, Amsterdam 63
ANP Foto, Amsterdam 8, 10, 21, 23, 71, 115, 122
ANWB Kampioen, Den Haag. Foto Michiel Wijnberg, Driebergen. Ontwerp LS; Ontwerpers, Groningen. c/o Beeldrecht, Amsterdam 165
Collectie Westfries Museum, Hoorn 127 boven
H. Doesburg 134
Fotoarchief Drents Museum, Assen 126 boven
© Guus Dubbelman, Amsterdam 112
Gemeentearchief, Veere 127 midden rechts
Gem. Centraal Museum, Utrecht 126 onder rechts
Gemeentepolitie, Amsterdam 60
Het Nederlands PTT Museum, Den Haag 127 midden links
© Bram de Hollander, Amsterdam 51
Hollandse Hoogte, Amsterdam 148
Mauritshuis, Den Haag 114
Menkemaborg, Uithuizen 125 boven
Museum voor Scheepsarcheologie, Ketelhaven-Dronten 126 midden rechts
Mijnmuseum te Rolduc, Kerkrade 127 onder
Nationaal Foto Persburo bv, Amsterdam 26, 55 (met vriendelijke toestemming van wooncentrum De Regenboog te Dronten), 85, 122, 131
H.W. Oosterink, Winterswijk 126 onder links
Ton Pauw, c/o Beeldrecht, Amsterdam 47
PTT Telecom, Den Haag 169
Steve Rothenburg, Afrapix 159
RBP Press, Amsterdam 110
Bronja Seynen, Aerdenhout 146
Stichting 't Fiskershúske, Moddergat 125 onder
Stichting tot beheer van het Sint-Paulus-Gasthuis, Sint Oedenrode 127 midden midden
© Marcel Terlouw, Den Haag 96
© Harrie Timmermans/nfk, Nijmegen 142
Uitgeverij De Balie, Amsterdam 108
© Goos van der Veen, Amsterdam 54
Vereniging 'Oud Vriezenveen', Vriezenveen 126 midden links

Omslag

Chris Pennarts: 'relatie'
Bronja Seynen: meisjes
Hollandse Hoogte: recycling, koffiekopjes (foto Theo Bos), docent Westafrikaanse trommels (foto Teake Zuidema)
Jorge Fatauros: Het Nationale Ballet
ANP Foto: World Trade Center
ABC Press: water (foto © P Horree)
Grootvader: privé foto